自閉っ子は必ず成長する

服巻智子
Tomoko Haramaki

花風社

自閉っ子は必ず成長する

目次

とにかく、働き続ける

雲下雨音さん（大手メーカー社員）

最初に　当事者から学ぶのは、とても大切なこと

浅見（花風社） さてトモコ先生、『自閉っ子、自立への道を探る』に続いて、今回も自閉っ子に出会う旅に出ましょう。この間、発達障害の当事者をめぐる状況は変わりました。発達障害者支援法が施行され、各地に発達障害者支援センターが設置され、それだけでも大きな進歩ですね。それでもまだまだ、本当に必要な支援策というのはどういうものか見えていない部分も多く、支援者の方たちも保護者の方たちも試行錯誤が続きそうですね。

服巻 その通りです。実を言えば実態はいまだによく見えていないのです。

何が「効果のある支援」を難しくしているのでしょうね？

発達障害と一口に言っても、発達障害者支援法で新たに規定された定義では、ＬＤ（学習障害）、ＡＤＨＤ（注意欠陥多動性障害）、そして、自閉症スペクトラム障害が含まれています。一概に発達障害といっても、これらの障害だって同じではなく、すでに三種類あるわけです。

そういえばそうですね。

その上、自閉圏の人たちについてはスペクトラム（連続体）と言われるほどに多様な状況があります。置かれている環境によっては二次性の障害等を併発している可能性もあり、事態が

複雑になっていることが想像がつきますよね。機能の高い人たちは診断が遅れがちですが、その分、周囲からの高い要求の中で絶えずプレッシャーがかかって生活を送っている状態でしょう。

なるほど。それが二次障害につながりますね。

また一方で、診断現場の混乱も続いています。そのことも、実情を複雑にしている要素のひとつといえるでしょう。これが現状ですから、行政的な支援策も具体的にはまだ一面的だといえます。もっともっと実情というか、実態を明らかにしていく必要があると思っています。

数ある障害の中でも、発達障害に関しては、一つ大きな問題がありますね。それは当事者の方々の特性の一つに「コミュニケーション障害」があることです。だからこそ当事者から「何をしてほしいのか」発信しにくい。一見発信したように見えても、実は的をはずしていることもある。とくに自閉圏の方の支援の際には、「本人たちが自分のニーズになかなかたどりつかない」ことを計算に入れておかなくてはいけないように思うんです。

その通りです。一見言葉を操って説明したり解説したりしているように見えて、実は核心から遠い部分をくどくど説明したり、相手にちゃんと伝えるために必要な情報の選択がうまくできず、結果的に情報が足りなかったり、思いが適切に正確に相手に伝わらないことも多いのです。言葉の概念化にも問題があるし、全体像を俯瞰して見る「メタ認知」にも問題があるため、本人たちが困難や問題だと感じることがあったとしても、状況の把握の仕方が客観的な事実と異なっているということもよくあります。

先生は難しい言葉を使って説明していらっしゃいますが、私自身、「当事者の方たちにストレートに訊いてもほしい答えは得られない」という場面によく遭遇します。でも一応答えは返ってくるので、話は通じていると思ってしまって、とんちんかんな支援を提供してしまう恐れがあるんじゃないかと感じています。

だからこそ私は、先生のように自閉圏の方の脳の動きに通じていて、言葉の通じる方によるインタビューがとても有効だと思うのです。それにこの方法だと、たとえ一冊本を書く文章力がない方にでも、発信の機会を持っていただけます。

話をする相手の自閉症の人のコミュニケーションの特性とスキルレベルをよく把握した上で、表現された内容と事実を照らしたり、本人の脳機能の特性によって発生しているであろうカンチガイや事実誤認を一つひとつ明らかにして情報を整理したり、事実の客観化の手伝いをしながら聞き取っていく必要があります。支援者にはそのスキルが求められるといえます。

だから今度も、インタビューの旅に出ましょう。

先生は支援者の立場から、福祉に携わっている専門職の立場から、インタビューをしてください。

私もインタビューに参加します。ただし、先生と私は別の角度から当事者の方を見つめます。私は「自閉ウォッチャー」の立場で参加します。つまり、自閉っ子たちのニーズを探り、報道する立場です。また「福祉の外の人」として、一般社会で日々の糧を稼いでいる立場から発言します。福祉の中にいる人ではないけれど、自閉っ子を応援する一市民という立場です。
先生と私は立場は違いますが、目的は同じです。次の六つを調べることです

1　何に困難を感じてきたか
2　今思い出してみて、周囲に何を望んできたか
3　生活していくうえで、どういう工夫をしているか
4　仕事を見つけ、維持していくためにどういう工夫をしているか
5　精神的な安定を求めるためにしている工夫
6　家族についての思い

自閉症スペクトラムの当事者にはさまざまな方がいますが、浅見さんは今回の旅でまず、どういうタイプの方にお会いしたいですか?

もし可能なら、「一家の大黒柱」として働いている方にお話を聞きたいんですが。就労するだけでも難しいのに、一家の大黒柱になれるだけの収入を得るのはよけい難しいのではないかと。というか、そういう方がそもそもいらっしゃいますでしょうか?

いらっしゃいますよ。九州にいます。この方とは長年のおつきあいがありますが、診断受けた後に著しい成長を見せられた方です。まずは、その方にインタビューしてみましょうか。

一家の大黒柱として家族を支える

安和盛雄さん（システム・エンジニア、精神保健福祉士）

仕事のやり方を改善したきっかけ

浅見 今回安和さんをご紹介いただいたのは「自閉症スペクトラムの方で、就業していて、しかも、いわゆる『一家の大黒柱』として働いていらっしゃる方はいませんか？」とトモコ先生にお尋ねしたのがきっかけでした。フルタイムで働いて、一家を養うだけの収入を得ていらっしゃる方という意味です。トモコ先生のお話によると、安和さんは仕事を続けていく上で、ご自分でずいぶん工夫を重ねていらっしゃるということですね。そのあたりのことからお聞きしたいです。

服巻 安和さんは、防衛大学校をご卒業されたあと、今は会社でシステムエンジニアとしてお仕事されています。所属している会社から派遣されて、別の会社のシステム構築やシステムチェックのお仕事をなさることが多いそうです。

　お知り合いになったのは、十年ほど前のことでしたね。そのころはたしか、「仕事の順番が決められない」という悩みを抱えていましたね。二つ目の会社で、理解ある上司の方が毎日の仕事の優先順位を決めてくださるようになってから、職場での仕事がうまくいくようになったというお話をしてくださいましたね。

安和 仕事がうまくいくようになったというより、ある程度こなせるようになったという感じでしたが。

そして、計画性のまずさという特性（実行機能の問題）にも自分で気づいていましたね。

それまでは、計画性がまずいせいで、仕事がうまくいっていなかったのですか？

そうですね。そのころの日本はまだ、自閉症スペクトラムという障害にまつわる「実行機能の不具合」があまり認知を得ていなかった時代です。でも安和さんは自分でそれに気づいて、カバーするための工夫を自分でしているということでした。でも自分だけでは難しいから、最終的にはそういった弱点をカバーするという面倒をみてくれる上司を見つけるのがいちばんだというお話をしていましたね。

そのときはそうでした。今はだいぶ自分で改善できるようになってきたと思います。

改善のきっかけは、どうやってつかみましたか？

それにはやはり、本との出会いが大きかったんです。今の職場は三つ目なんですけれど、二つ目の職場をやめるとき、まあ解雇のようなもので、一ヶ月くらい「うつ」で入院したんですね。そのとき同じ入院患者から『7つの習慣』という本を教えてもらいました。「原則に従って生きる」ということを、その本から学びました。そうしたら、なんだ意外と簡単なことだったんだなとわかったんです。

「原則に従って生きる」、ですか。たしかに「原則」を見つけられたら簡単ですよね。

そうなんだけど、「原則」というものを学ぶ機会とそういう風に出会うところが、自閉脳のゆえんかもしれませんね。長い苦労をした末に三十代で、「本」との出会いで知るというのは。しかも、安和さんみたいに能力の高い人が、それまでは気づかなかったんですよね。
安和さんは私にその話をしてくれたとき、「親からちゃんと面倒をみてもらえなかったからこういうことが身につけられなかった」と言っていましたね。そして、親御さんを少し恨みに思っていたようですね。でも私は、それは違うという見方もできるのではないかと思うのです。

どうしてですか？

その当時の安和さんは、教えられても理解できなかったでしょう。勉強以外は、理解する力がなかったのではないかと推察するんです。少なくとも、通常の教え方ではきっと理解することは困難だったでしょうね、今、私がふだん支援している子どもたちがそうであるように。

勉強の能力と、生きていく力は別物ですよね。学校にいる間は、勉強ができればすべてよしになってしまいがちですけど。でも定型発達の子は、学校に行きながらでもなんとなく、世の中に出る力を養っていきます。自閉っ子はそこが違うから、親がそれを補わなければいけないのではないかと考えていたんですが、違うんですか？

おっしゃるように、親が補った方がいい部分ももちろんあります。ただ、長いお付き合いの中でお話を伺ってきたところ、安和さんの場合に限っていえば、お父様も性格的に激昂しやすいタイプの方のようでしたから、下手にいろいろ強圧的に教えられたら、教えられたことの意味を掴むことよりも理不尽な指図やことばの虐待という風に感じてしまって、すごい親子喧嘩になったり、大変だったろうと思います。その結果、勉強だって大して伸びなかっただろうし、二次障害になっていたかもしれません。その当時かまってもらっていても、つまり「不適切な指導法で、強圧的にがみがみ言われて」いても、安和さんには世の中がわからなかったのではないでしょうか。社会性が低かったから、そのようなかまわれ方をしていてはつぶれてしまっていたでしょう。そういう人をたくさん見てきました。

だから安和親子の場合、かまわれなくて正解でしたよ。親に感謝しなきゃ。あ、こんなこと私が言っちゃいけないか。

いえいえ、そのとおりだと思います。私は依存症の経験があり、自助活動で立ち直りました。その活動の中で気づいたんですけど、セルフ・エスティーム（自己評価）が低い人ほど、立ち直りは難しいんですよ。そして、親子関係でセルフ・エスティームが低くなっている人が大勢いるんです。

セルフ・エスティームが下がらなかった理由

叱責されることによって、セルフ・エスティームが下がっていくということですね。では、安和さんは、セルフ・エスティームはそんなに低くないんですね？

どちらかというと高いほうかもしれません。トモコ先生の言うように、私の場合は、ほうっておかれたから下がらなかったともいえるかもしれません。

つぶされずにすんだんですね。

とにかく子どもは、セルフ・エスティームを下げないことを最優先に考えて育てるべきだと思います（編注：安和さん自身も二児の父）。それは、障害のあるなしにかかわらず、言えることです。

でもどうすればセルフ・エスティームが維持できるかは、人によって違うんですよね？

私は自分の子どもに対しては、とにかくセルフ・エスティームを下げないように、ていねいに指導することにしています。

具体的に言うと？

「理由を付けてどうすれば良いか教える」、「ほめる」、「希望を持たせる」、「良いところを見つけて指摘してあげる」の四つですね。

私だったらそういうしつけをされていたら、むしろ傲慢で手のつけられない人間になったかもしれません。やはりその子の特性によって適切な育て方というのは変わってくるのですね。

ＡＳＤ（自閉症スペクトラム）の人の中にも、そういうしつけだけをされていたら、自分の実像と異なる自己像を勝手に描いてしまって、いわゆる「ビッグマウス」になったり、人の忠告を受け付けなくなるタイプの人もいますけど。タイプによって違いますね。

悩んできたから、メンタルヘルス関係の仕事は向いている？

最近、本業の傍ら精神保健福祉士の資格をとったんですが……。

そうおっしゃってましたね。安和さんは以前から「これからの若い子達に自分の二の舞はさせたくない」という気持ちで「役に立つことをしたい、助けてあげたい」とおっしゃっていました。そのお気持ちは素晴らしいし、安和さんにできることがあると思います。

ただ、このインタビューは活字になりますので、きちんと確認しておきたいことがあります。それは、ＡＳ（アスペルガー障害）の人たちの中には、自分のやりたいことが職業として向きか不向きかの把握がうまくできない人が多いということです。ジョブ・マッチングの問題ですね。

進路選択の場合にもこれがあてはまります。安和さんがこの領域で先輩として人の役に立ちたい気持ちは尊いと思いますが、先日ＡＤＯＳ（Autism Diagnostic Observational Scale）という言語の流暢な成人に適用する自閉症の鑑別のための検査をさせていただいたところ、安和さんには対人関係の把握や理解と会話力の面で極端な弱さがはっきり出ていて、カウンセリングやコーディネートの仕事には向いていないと考えられます。

これはプロである私からの率直なアドバイスですが、本人への直接支援やコーディネートに関する部分の支援職としては向いていない特性が出ていますので、そのあたりを理解し受け止めて、やりたくても今は止めておいたほうが良いと思いますよ。当事者の気持ちを聞いてあげるだけにとどめたり、企業側の支援ストラテジーのコンサルティングはできる可能性は高いです。企業側や支援者に対しては安和さんの助言は非常に重要な情報となると思われます。

アドバイス、ありがとうございます。

率直なアドバイスに対し、とっさに「ありがとうございます」って言えるのはすごいと思います。

本当ですね。それは、学習したことなのですか？

ええ、学んで覚えたことです。

いつ頃、どうやって身につけたのですか？？

三十とっくに過ぎてましたね。三十二、三でしょうか。（編注：現在安和さんは四十一歳）

私、三十歳を過ぎると自閉症スペクトラムの方でも、ある程度社会性がついてくるような印象を持っているんですが。三十過ぎて働き始める方もいらっしゃるし。

成長とともに、セオリー・オブ・マインド（心の理論。他人の気持ちや考えを推し測る力）の練習問題もある程度はクリアできるようになるんですよね。でも現実に応用するのは難しいんです。その場の状況判断やメタ認知（状況を俯瞰して見ること）をリアルタイムで機能させることが困難だからです。

なぜ上司が助けてくれるようになったか

その、上司の方に原理原則とか、優先順位を決めてもらうようになったのは今の仕事場ですか？

前の仕事場です。二つ目の。

どうしてその人がそういうことをしてくれるようになったんですか？

私があまりに「できなかった」からです。

「できない」って言ったんですか？　自分から。

いえ、私の仕事振りを見ててわかったみたいなんです。

でも、結局そこは解雇ということになったんですよね。

そうなんです。

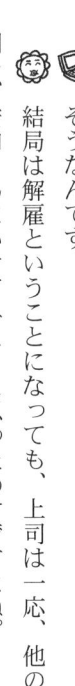

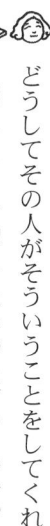

結局は解雇ということになっても、上司は一応、他の社員にはかけないであろう余分な手間を、安和さんにかけてみようと思ったわけですよね。

あのね、利害が絡むと会社って動いてくれると思うんです。「この人を活用しなければいけない」となると、民間企業って一生懸命考えて手を打ちます。特例子会社でうまくいっているところなどは、そういうのが上手なのだと思います。就労指導って、お役人とかより営利企業のほうが、商売が絡む分一生懸命考えるかもしれませんよね。その安和さんの上司の方も、だからこそ協力してくださったのではないでしょうか。

雇用している社員の問題は、結局、自分たちの問題になりますしね。

そうです。会社全体の利益は、いかに目の前にいる人を活用するかにかかってくるから。障害の特性を把握するのにも真剣に取り組むでしょう。

でも会社って、制度的にそれほど簡単に人をクビにできないじゃないですか。

日本の会社はね。

だからこそ、逆にそこに需要があるのかなと思うんですよ。

需要？　どういう需要ですか？

立場をわきまえる

いや、そういう風になる人間は私だけじゃないんですよ。世の中、山のようにいるはずです。とくにコンピュータ業界はそういう人間が集まりやすいので。会社で厄介者扱いされていて、窓際的存在だったり、そういう人がすごく多いんですよ。

安和さんが見ても、それがわかりますか？

わかります。

じゃあ同じ職場にアスペルガーかもしれない人、要領が悪かったり態度が悪かったりする人がいるとしますよね。そうすると「この人こうすればいいのに」と思うことはありますか？

かなりあります。ただ、立場上何も言えないです。

立場上って？

前の会社でも一従業員に過ぎなかったし、現在は派遣のようなものだから、越権行為になってしまいます。

「立場」とか「越権行為であるのかないのか」が理解できるってすごい社交スキルなのですが、越権行為になるってなぜわかりましたか？

原則として、部下を管理するのは上司ですね。それを原則と考えているから、越権行為だと判断できます。

いつからそういう風に原則で考えるようになったんですか？

本に出会ってからですね。

その前はわかっていなかったんですか？

わかっていなかったです。

多くのＡＳの子どもたちが、そこで問題を起こすんです。自分ができていないのはわかっていないのに、他の人のことはよく目に付いて、「お前それ違うじゃないか」ってその人を責めるんです。安和さんにもそういう素地はありますよね。

そうなんですよ。

でも今はそれをしないように自分を律していられる。「越権行為」っていうことがわかるって、相当な技術、ソーシャルスキルですね。言ってはいけない場面がわかっているんだから。それが本に出会ってからわかるようになったっておっしゃいますが、安和さん、防衛大学を出たわけでしょう？　じゃあ大学時代にも、絶対に「指示系統」というものについて学んでいるはずなんですよね。

絶対そうでしょうね。

それが、そういう環境にいても学べなかったことが、本を読んだ方がわかるというんですね。

そうですね。やっぱり視覚的にじゃないと理解できないというのはあります。

なるほどね。

それにしても、お礼を言えることや、指示系統や上下関係、立場、越権行為などという概念を理解することは、社会に出て就職し、適応していく場合には、絶対に必要なものですね。

ＡＳの人たちのなかには、ご自身が悩んだり苦しんだりしたから、自分と似た子どもたちや同じ立場の人たちを助けたい、役に立ちたいと純粋に願う人が結構多いのです。そして「どうやって役に立つか」を考えるとき、職業選択や資格取得という方法に思考が直結しがちなのは仕方がないでしょう。けれどもやはり、それが本当に価値ある選択かというとそうではないことが多い

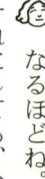

ものです。そのことは改めて当事者の方には知っておいて欲しいことだと考えています。

自己覚知や自己認知を深め、進路選択とは違う方法で「他人の役に立つ」という目的をかなえるという選択をするという思考の道筋が、必要になることもあるでしょう。そうでなければ、失敗した場合に落ち込むのが目に見えているから。

たしかに、ご自分が悩んできたから支援職につきたいという声はよく聞きます。ただ、本を書くのに文章力が必要なように、支援職につくのも、コミュニケーションスキルが必要なのでしょうね。

ところで安和さんの「社会の学び方」をたどっていて、思ったことがあります。学び方ってさまざまだな、ということ。そして、いくら学校で勉強しても、社会の掟は社会の中でしか学べないということ。それと、本から学ぶといえば、実は私自身も本から学ぶものが大きいタイプです。しかも漠然と本を読むのではなく、自分自身が何か壁にぶちあたったとき、問題意識をもって読むときに、本から得るものが大きい気がします。つまり、本から学ぶ前には社会とのかかわりが絶対に必要なのではないかと実感しています。

だから安和さんも、本だけで学んだわけではなく、それまでにもじわじわと貯まっていた知識というか経験が、ものを言ったのではないでしょうか。つらい会社生活を通じ、自分のやり方と社会で求められているやり方はどうやら違うな、っていう違和感みたいなものが、本でぱしっと目に見えた形になったんじゃないですか。それまでもなんとなく身体に染み付いていたものが、整理されたのかもしれない。それに人間、本当に必要になったときじゃないと学ばないっていう面がありますよね。そういう意味でも、学校と社会はまるで別物だし、「学校で適応できなくたって社会ではやっていけるかも」っていうのが、経験から導き出された私の持論なんですが。
だけど実際には、学校で適応できないともうダメだと思ってしまって、引きこもってしまって、社会に出るきっかけさえ失っている方も見られます。それってもったいないよ、社会は楽しいよってなんとか伝えたいんですけど。学校の先生たちは学校は守られた空間で、社会は厳しいところだって教えますよね。でも私は、学校より社会のほうがずっと楽しいです。私と一緒に働いている自閉っ子も、「社会のほうがわかりやすい」と言ってくれている人が多いです。

会社って利益を出さないといけないんだ

実は、最初の会社で、越権行為みたいなことをして怒られたことがあるんです。

なるほど。そういう経験があると一つ一つ学びますよね。どういうことをしたんですか？部下ではない人に怒っちゃったりとか？　それは私もやったことありますよ。怒りん坊だから。

いや、そういうことだとまだかわいいと思うんですけど。たとえば、「会社全体で骨髄バンクに登録しよう！」と社長に直訴して直属の上司に怒られたり、仕事を進めるうちに先輩が「こうこうこうしてもいいかもね」と他のやり方を提案したのを、正式な承認もなくそのとおりにやってしまってプロジェクトの赤字を出したりしました。

そりゃぁ大変でしたね。赤字というのは会社の損失で、死活問題につながりますから、クビになってもおかしくない場合がありますね。うちのクライアントさんにも似たような直情径行の熱血漢がいますので、ヒトゴトではありませんね。会社の中のどの位置で仕事をしていて、それがどのように会社の収益となって、それから分配されて自分の手元に給料としておりてくるのかという仕組みをきちんと教えておかないといけないなと思いますよ。

定型発達の人同士の会話は、あまりにあいまいで自閉っ子には伝わりにくいことがありますよね。だから同じように研修しても、定型発達の人にはのみこめる「利益を生み出す仕組み」がわかりにくいかもしれないですね。自閉っ子には自閉っ子にわかりやすいように商売の仕組みを教えるようにすれば、すごく律儀に商売熱心になってくれるんですけどね。ニキさんと花風社の関係なんて、最初からそれができてたと思います。

ともかく安和さんはそういうことを重ねていって「会社って、どうも赤字を出しちゃいけないところだ」とかわかっていったんじゃないですか？　そういうことがわかりにくいみたいですよね、自閉っ子。学校では教えないしね。学校ではむしろ、利益にこだわるなというようなことを教えたりして、切り替えの利かない自閉っ子は混乱するみたいですね。素直だから混乱するんですよ。

そもそも私たちのような人間には、就職する前段階として、会社というところでは営利活動をするということを教えてもらわないと困ると思います。

そうですよね。うちの本で言えば泉流星さんの書いた『地球生まれの異星人』にそういうエピソードがありました。泉さんのお父様は学校の先生だったので、いざ自分が就職するときに「会社員」のイメージがわかなかったそうです。会社員はサザエさんのお父さんみたいなイメージだったそうです。かばん持って会社に行って、夕方帰ってくる、という以上のイメージがわかなかったんですね。

そう、それがわからなかったら、仕事っていうのは行けばお金がもらえるもんだと単純に思うじゃないですか。

そうそう、行けばもらえると思ってしまうんですよね。私が支援している子どもたちでもいますよ。行って座っていればお金がもらえると思っている子どもたち。会社に行って、そこで与えられた仕事を要求される水準できちんとやりとげ、結果を出して初めて給料がもらえる、ということを教えてもらっていないんです。

その頃は、とりあえず言われたことだけやってたんですが、なんのためにやっているかはまったく理解していませんでした。

だから「指示待ち人間」とか言われちゃうんですよね。「指示待ち人間」は手がかかるから、とくに研修に人手を割けない中小企業では嫌われますね。でも自閉っ子が「指示待ち人間」になっているときは、実は悪気がなかったりする。

職場って、うちのＮＰＯなんかもそうですが、一騎当千の人を求めているんですよね。一人で千人分の仕事をしてくれるような人を。自ら気がついてやってくれそうな人を。そのほうがコストがかからないし。

そう、企業にとって余分な説明っていうのは「コスト問題」なんですよね。

でもそもそもなんのために企業があるか知らないと、気がつきようもないですよね。何を求められているのか。

よく気がつく人のほうが、職場にとっては使いやすいんですよね。

そう。

そのとおり。

その辺は、すごく弱いんですよね、私たちアスペルガー症候群を持っている人は。

「今、あっちの部署で大変そうだな」と判断して手伝いに行って、しかも自分の仕事は時間内に終わらせる、といったことのできる人が職場としては理想的ですね。

とてもじゃないけどそういうことはできないです。今私がうまくいっている理由は、ポイントを抑えてやっている関係で、「戻りが少ない」仕事を中心にしているからなんです。

「戻りが少ない」って？

「とにかくやれやれやれ」で先に進めてしまって、とりあえずやって後になってまずいところを直すという仕事のやり方もあります。けれども、これは私には向きません。一方で、最初にヒヤリングとか段取りをきちんとして、それにのっとって仕事をする仕方もあります。プログラムを書いていく途中で、逐一確かめるというやり方もあります。こういうやり方だと、「戻りが少ない」んです。

やり直しが少ない、っていうことですね。

そうです。そして結果的に、そちらの方が仕上がりが速いんです。私の場合は、発達性協調運動障害（ディスプラクシア）もあるようで、手が動くのも遅いんですけど、結果的にこのほうが短時間で仕上がるんです。

　定型発達の人のように上司に言われたままばーっとやるのはやはりできないので、そのやり方はあきらめて、自分に合ったかたちで会社に貢献することができれば、それでかまわないんだと考えるようになりました。

そして、自分に適した分野で会社に貢献できるといいんですけどね。今の職場ではこれまでのところ、それがうまくいっていると判断しているわけですね。

そのばーっとした仕事をしている人たちも、実は漏れやミスがたくさんあったりするんですよ。だから相対的には私のほうがうまくいっているというか。

じゃあ、適した仕事だったのかもしれないですね。

でも安和さん、相当、失敗から学んでますよね。

本当ね。だけど実際には、失敗を重ねても〝失敗から学ぶ〟というより、がんばってもうまくいかないストレスで、世の中を恨むようになるケースが多いと思います。安和さんが失敗に学べたのはどうしてでしょう？　セルフ・エスティームが高いほうだったのも助けになったと思いますが。

よく懲りないと言われるんですが、身につくまでの時間がとてもかかるんです。言われてすぐにわかるタイプではないので。

言葉で一回指示されたことを、全部的確に把握するという力が弱いばかりでなく、内容の把握も弱いのではないでしょうか。前述のＡＤＯＳの検査を行った際、ソーシャルコミュニケーションの項目のテストでそれがわかりました。短い質問であっても、返答がこちらが訊いているポイントとずれていることがありました。安和さんが、ダメだと言っているわけじゃないですよ。それが安和さんのコミュニケーションの特性だということです。

別の自閉症スペクトラムの方からも、「一度の説明でわかれと言われるのがつらい」という言葉を聞いたことがあります。なるほどなあ、と思いました。

結婚について

もうひとつ、話は変わるけど、訊きたいことがあります。結婚のことなんです。アスペルガー症候群の方々の中には結婚してらっしゃる方もいらっしゃいますのでね。安和さんの場合、奥さんと出会った時、「結婚しよう」と思わせてくれたものは何ですか？

やっぱり、この人とだったら一生やっていけそうだという感覚ですね。彼女自身も人とは違う感覚があるし。そのあたりのフィーリングでしょうか。言葉ではうまく説明できないですけど。

彼女に出会うまで、自分もいつかは誰かと結婚しようと思っていましたか？　思っていませんでしたか？

まったく考えていませんでした。

たしか出会いはコンパだったとお聞きしましたが、そういうところに出るとき、誰かいい人がいたら結婚しようとか、そろそろ潮時だぞとか考えていましたか？

彼女に会うまではまったく考えていませんでした。

じゃあやはり、彼女との恋愛が結婚を意識するきっかけだったんですよね？

そうですね。この人を逃したら、この先、私に合う人は出てこない、と思いました。

・へえ～。情熱的だったんですね。

合コンしたのは大学時代ですか？　私もかつて関東の女子大生だったのでわかるんですが、防衛大の学生さんは合コンの華ですよね。すごい人気者。

社会人になってからです。大学時代も合コンやりましたけどね、うまくいかなかったですね（笑）。

家庭に対する責任

解雇されたり一時期入院したりと、安和さんのこれまでは決して順調だったわけではないと思いますが、安和さんは立ち直ったのは自助活動のおかげとおっしゃっていますよね。そして最初の自助活動は、発達障害ではなくギャンブル依存症がきっかけですよね。それで借金も背負われたとか。発達障害のある方で同じような道をたどる方は多いので、あえてお訊きしたいんですが、ギャンブルにはまるようになったのは仕事をし始めてからですか？

そうですね。借金してまでやるようになったのは、それより後のことですね。

なるほど。どうしてそこまでやってしまったんでしょう？

もともと好きだったという理由が大きいと思うんですが、会社とかでうまくいかなかった時期でもあったんで、そちらに逃避したというのもあると思います。そして、はまると抜けられなくなりました。

これはいろいろな人にする質問なんですけど、今はお子さんもいらして、家族を養う立場ですよね。その責任についてどう考えていますか？　ギャンブルにはまった時期は、お子さんはもういましたか？

最初にはまり始めたときはまだいませんでしたが、後になって抜けられなくなった頃には、子どもがいるとか家庭とか関係なくなってしまっていました。

それが〝依存症〟ということだったのでしょうね。依存から抜け出すことができるというのは相当な意志力も必要だったのでしょう。難しいことだと思いますが、立ち直られたのは本当にご立派だと思いますよ。

さて、今はもう父親で、夫ですよね。そういう立場に感じる責任感というのは、ギャンブルにはまっていた時期と今とでは感じ方が違いますか？

子どものことは、人生の後輩みたいに見ています。自分と似たところもあるので、将来仕事をしていく上で、こういうことを知っておかなければ困るぞというようなことは、教えておきたいと思っています。

あ、ちょっとずれてるかな、質問と答えが。

ホントだ。じゃあもう一回訊き直しましょう。

父であることとか、一家の大黒柱であることとかには、どういう意味があると思いますか？家族への責任という意味ですが。

それは考えていないですね。

考えていない？

はい。

たとえばここで仕事を辞めてしまったとしたら、一家が路頭に迷うかも、とかそういうことは考えませんか？

それはもちろん考えます。ただそれ以前の問題で、まず自分自身がきちんと生きていくこと、自己実現をすることが、家族の安定にも子育てにもいいことではないかと考えます。

なるほど。その点は、とてもアスペルガー的「あるべき論」にしたがっている人生観のようにも受け取れますが。ご自分の描く望ましい父親像はありますか？

ないです。

理想の夫像は？

それもないです。

妻にとっての望ましい夫像は思い描いていますか？

最低限、生活ができるようにしていくことは大事だと思っています。家計のことも考えています。

じゃあ以前のようなギャンブル依存というのは……。

それはもう、ありえないです。自助グループに参加していることは、その上でとても大きいことです。

じゃあもう一つ訊きます。これからの人生をどう生きていきますか？　どう歩んでいきますか？　四十代をどう生きていきますか？

年代のことはあまり考えていないです。わりと成り行きまかせのところがあります。

六十代はどうしているでしょうね？

六十になっても働いているとは思います。でもコンピュータの仕事はやっていないと思います。

なぜですか？

経験を生かしたソーシャルワーカーみたいなことをやっていると思います。ただ、そんな先のことは考えられませんね。まずは今の現実を生きていくことのほうが大事なので。今、この場で一生懸命やっていくことが一番大事じゃないかな、という結論にようやくたどりついたところなので。

ようやくたどりついたって、前はどう思っていたんですか？

夢物語みたいなものを持っていました。

どんな夢物語ですか？

政治家になりたいな、とか。

政治家？　今からだってなれるかもしれませんよ！

ありえますよね。べつに夢物語ではないように思えますけど。でも夢物語としているということは安和さん、やはり今は地に足のついた生活を大事に思っているのではないでしょうか。

本から学ぶ

実は、最初に言うべきだったかもしれないんですけど、今日浅見さんと会えて本当にうれしいんです。

ありがとうございます。

というのはですね、ニキ・リンコさんの訳された「『これだ！』と思える仕事に出会うには」（花風社刊）という本と出会って、精神保健福祉士を目指そうと思ったからなんです。あの本が、自分の人生経験を踏まえた上で、何ができるか考えるきっかけになったんですね。それと、それを目指すにあたって、人の支援をするのなら今までみたいに自分の仕事すらできないままじゃだめだ、どうやったらできるようになるかと考えて仕事ができるようになったんです。それも、「『これだ！』と思える仕事に出会うには」のおかげだと言っても過言ではないんです。

そうだったんですか。本が役に立つのなら、版元としてありがたいお話です。

ただ、安和さんの場合、精神保健福祉士として活動するには、対人的な能力に難があります。その分野でやっていくためには、クリアしなければいけない条件や要求されるスキルレベルに到達するのが困難だと考えられる部分が多いですね。もちろん今後も伸びていく可能性はありますが。今はまだ人のケアをするよりも、自分の体験を話していくことではないでしょうか。今まで短い時間話しただけでも、安和さんの「世の中」を学ぶ方法は、とても興味深いものですし。今の自分の特性に合っている仕事と職場を選ばないと長続きはしないと思います。

安和さんには本を通じての学び方が合っていたんでしょうね。そしてそれが、現在生計を立てるだけのお仕事を維持していく上で役立っているのでしょうね。「人の支援をするなら自分の仕事すらできないままじゃだめだ」っていうのは健全な考え方ですよね。その先に支援職があるかもしれないし、今の仕事が続けられるかもしれないし、思いもかけない仕事に転進していくことだってありえますよね。世の中も変わるしね。世の中が変われば、求められている職種も変わりますし。

　こういう「先の見えなさ」は自閉っ子には不安なのかもしれませんが、それこそ人生の面白いところだという考え方もあります。別に最初に目指した職じゃなくても、あとから「これこそ天職だった」ってわかることだってありえると思うんです。

　ところで、私は他の方ともお会いして思うんですが、自閉っ子の皆さんも十年遅れくらいで社会を学んでいるのではないでしょうか。人より時間がかかるけど、学べるのではないでしょうか。

たとえ学歴が高くても、アスペルガー症候群の人の社会性の発達のレベルは年齢相応ではないことは、以前から訴えています。高くても年齢が三分の二だと考えればいいのではないかと。人にもよりますけれどね。トニー・アトウッドさんも似たようなことを言っていましたが。

三分の二？

はい。今四十だから、二十代後半でしょうか。

……安和さんは、まだそこまで行っていないかもですね。十代後半くらいかな。生活経験があるので、社会的責任の取り方は学んできているけれども、中にある社会性、言いかえると、対人関係機微の理解やスキルはまだまだハイティーンくらいかもしれませんね。

でもそういう、大人になってもティーンエイジャーみたいな人は定型発達の人の中にもいますよね。

そうそう。だからでしょうか、安和さんは若く見えますよね。

仕事をしていく上では、コミュニケーションをうまくやろうとか、そこまでは考えなくてもいいのではないかと思うようになりました。要するに会社に貢献できればいいのではないかと。あの本を読んでから、そういう風に考えが変わったんです。

本から学ぶっていうのは、ニキさんを思い起こさせますね。ニキさんも読んで学ぶ方ですよね。

自閉っ子の方たちはすごくたくさん本を読んで、定型発達の人が最初から知っていることを学んでいたりする気がします。だからね、脳みそいっぱい使わなきゃいけなくて大変だな、と思ったりするんですが。今日安和さんとお話していても、「会社は利益を上げなくては存続していけない」という当たり前のことを理解するのにすごく脳みそ使ってますよね。

学校がいくら営利活動について教えてくれなくても、お母さんが家計簿を見てため息をついていたり、給料日前にはおかずが減ったり、給料日にはすき焼きが出たりすると「お金って大切なんだ」と学んでいくのが定型発達の子ですが、自閉っ子は「お金にこだわってはいけない」とか教えられると真に受けますからね。お金にこだわらずに就労を維持するのはすごく大変だと思うのですが。

山を登るのに時間がかからない人もいれば、人の三倍も五倍も時間がかかる人もいますよね。それと同じですよね。

なんでも身につけるのに時間がかかるんですよね。

だからこそ、小さいころに親御さんにいじられなくてよかったと思うんです。教えられてもなかなか身につかなかっただろうし、診断もなかった時代ですから、親御さんもそれでも辛抱強く教える根気はなかったでしょうから。「僕はだめなんだ」という感覚だけが作られていったでしょう。親に教えてもらわなかったことは悔しいことかもしれないけれど、一方で、親に潰されなかったからセルフ・エスティームが落ちないですんだ現在の安和さんがいるんだとも言えると思いますね。表現は良くないかもしれませんが。

高すぎる自己評価が困るとき

セルフ・エスティームの点で言えば、セルフ・エスティームが下がるのではなく、メタ認知が弱いせいで、逆に鼻持ちならないと周囲に思われてしまうような自己過大評価をしてしまう自閉症スペクトラムの人もいるんですよ。

かわいい女の子がいたとしますね。親戚に「かわいいわね。女優さんになれるわね」って言われると、極端な話、女優にならなくちゃと思って拒食症になってしまったりもするんですよ。そして、「私、かわいい？」とみんなに訊いて回ったりする。絶対的にかわいくなきゃいけないと極端に思い込むようになったり。

律儀ですからね〜、自閉っ子。

たとえば何人かの人に「かわいい」って言われますよね。そうすると、「自分はかわいいらしい」ということを知る。それが自分のほめられる点・人に認めてもらえる点だということを知る。でも世の中上には上がいるし、かわいいかかわいくないかなんて相対的で、人の印象にもよるでしょう。でも「自分は世界で一番かわいい」という風に、極端に思い込んでいくんです。そして「私ってかわいいでしょう」という言葉になって出てくるんです。さらに「世界で一番かわいくなければならない」と思い込んで、極端なダイエットや極端な美容に走って身体や精神を壊していったりするケースもあります。

そうそう、自閉っ子の「鼻持ちならない言動」って、しばしばちょっとしたカンチガイや「ハイパーりちぎ」（©ニキ・リンコ）の産物だったりするんですよね。人に言われたら、まともに受け取るから。ニキさんが言うように「浅いワケ」があるんだけど、その結果、世の中的にはちょっとどうなの、っていう発言をしてしまうことがあるんだなあ。

人によってそういう極端思考が、さまざまな形をとるわけですね。「私はかわいい、女優さんになろう」とか「自分は勉強ができる、ハーバードに留学しよう」とか。勉強ができると思い込んでいる子が、百点じゃなく九十九点を取ってしまうと、自分はもうだめだ！　と自暴自棄になって、マイナス一点をつけた先生を恨んでいったりすることもあるんですね。

なるほど。それに過大評価は、地道な人生設計にはつながりにくそうですね。

それがかなわないと、うつになったりしますから、思考も感情も極端に激しく振り切れていく場合が多いですね。

本当にオール・オア・ナッシングなんですね。

だから自閉症スペクトラムの当事者は、早めに適性を見極めて、そちらを目指して準備しておいたほうがいいんじゃないかと思うんです。出版社なら出版社向けの人材っていますよね。コンピュータ業界ならコンピュータ業界向けの人材がいます。だから事前によく準備をしておいて、ある程度発言ができるようになってから働き始めないと、単純に鼻持ちならない部分だけがクローズアップされて、こいつ新人のくせにとか言われてしまうのではないでしょうか。

どうかなあ……。早期診断が可能で、まわりの対処が適切なら、鼻持ちならない発言をしなくてもすむようになるような気もしますけど。だって鼻持ちならない発言をしない自閉っ子もいますしね。学習すれば、そういう発言は避けられるのではないでしょうか。

それは本当にその通りなのです。アメリカでは現在は一歳代での発見が話題となっています。三つ子の魂と申しますが、脳の違いであるからこそ、脳の発達期によりよい適切な刺激を与えることで、助言を受け容れたり、関連ある情報とそうでない情報のより分けスキルが伸びたり、対人行動の基礎となるスキルをその子なりに最大限に伸ばすことが可能になるといわれています。一～二歳の早期介入は、著しく社会性の理解のレベルを上げる、ということは実証されてもいます。日本で今話題になっている「五歳児検診」は、ですから「遅い」というのが私の前からの持論なのです。

超早期に早期介入をしたからといって自閉脳が定型脳になるわけではありませんが、よりよく伸びる可能性は大なのですね。そのためにはもちろん、支援者側も適切な支援方法を身につけなくてはなりません。合わない指導は状況を悪化させますからね。子どもたちの力が伸びるような支援方法や接し方ができるよう、親や療育者の教育や養成も不可欠と言えますね。

体調の管理

違う話をしていいですか？

はい。

安和さんは体調は自分で管理できますか？

できます。具合悪くなったら病院にいきます。

具合悪くなったらってどういう風にわかるのですか？

風邪とかですね。

風邪以外にはないですか？

頭痛がおきたら薬をのんだりします。

疲れにはどう対応していますか？

疲れですか。これは疲れたという状態を言葉で言うのは難しいですが、まあ、だるさとか……。

疲れを感じることはできますか？

はい。私の場合、身体の感覚的なことについては問題を感じたことはないです。

運動はどうですか？

運動は苦手です。

でも防衛大行って、ついていけたんでしょう？

瞬発力を要求されるようなことはダメでした。

でもすごい走ったりしなくちゃいけないんでしょう？

そのへんは大丈夫なんです。でも手先の器用さが必要なことはまったくダメです。触覚とか視覚とか聴覚に困難を感じたことはないですが。

うつになったときはどうしてわかったんですか？

頭が重くなりました。あと仕事の効率とか思考能力が四割以下に落ちたんで、これはおかしいなと思ったんです。

どうして四割というか、効率が下がったとわかったんですか？

通常の仕事ペースは身についているんですけど、それが全然できなくなるんですね。コンピュータの前で固まっていて。

どれくらいそういう状態が続いて、病院に行こうと思ったんですか？

一ヶ月くらいですかね。

起きられなかったんですか？

もともと寝起きは悪くなかったんですが、動けなかったですね。

お布団からは出られるけど、動けないということですか？

動作がスローモーなんです。もともとが動くほうなんで……。

それはそうでしょうね。検査のとき観察していて、動きにロスが多いのが目に付きましたよ。若干クラムジー（不器用）でもありますね。でもそのときは、動けない、動きがスローになったというのを自覚したんですね。

そうです。それで、動かないと、やらないと、という気持ちはすごくあるんですけど、土日もやらないと間に合わないというのはわかっているんですけど、行けないんですね。平日はなんとか行けていたんですけど。でもあるとき、コンピュータを前にして、もう何も打てなくなったんです。そのとき、やはりもうだめだと思って。そのときはとてもセルフ・エスティームが下がっていましたね。できない自分に対して。正確に言うと、責められているのがきつかったんだと思いますが。

会社の人にですか？

そうです。その上、自分がダメだって自覚していたから。

それから入院したんですね。

そうです。入院して、レクリエーション療法をして、それでうつに関してはだいぶよくなりました。

レクリエーション療法って具体的にどういうことやるんですか？

他の患者さんと一緒にミニサッカーなどのスポーツで汗を流したりするんです。

楽しそう。

入院しなければいけないとお医者さんに言われたんですか？

そうじゃないです。でも自分ではそうでもしないと、もうこのまま働けないなと思いました。

でも安和さんは自分の状態がよくわかっていたんですね。それがわからない人が多いのに。

ヒマでネットにはまる

ただ、後から考えると、入院に続く数ヶ月の療養時期に、余計なことばかりしてしまってたんですね。仕事してなくて、暇だから。もうアスペ全開という感じですね。突然人に会いに行ったりとか、突然ボランティア始めたりだとか、行動が支離滅裂だったと思います。

覚えていますよ。そうですね、あのころ方々に出没していましたね。ネットもたくさんやっていましたよね。

山ほどやってました。

使っていたハンドルネームが「腐乱検死体」でしたっけ？　一部の掲示板では「気持ち悪いからやめて」なんて抗議もされていましたね。その後、ハンドルネームを変えてくださってよかったですよ。

いや、ハンドルを変えたのはですね、自分がそろそろ立ち直ったかなと思ったからなんです。

なんでまた、そんなハンドルネームつけたんですか？

いや、たんに当て字が面白かったからです。

あはは。それだけの理由ですか！

あはは！　言葉遊びを好むアスペちゃんっぽい決め方ですね。

（笑）たしかに苦情出てましたね。

それと、今だから言うけれども、方々の掲示板に出没していたとき、何人かの管理人の方から安和さんのことで相談を受けたんですよ。あのころ、激しかったでしょう？

そうです。それに言い方が激しかった。

そうなんですか!?　今の安和さんを見ていると信じられないですね。

攻撃的でしたよね。安和さんとしては攻撃的になっているつもりはなかったでしょうけど。

何を攻撃していたんですか？

攻撃というか、誰かの発言の細かいところを、ピンポイントでついて、説教したりしてましたよね。そのときのテーマからずれているかどうかなんて関係なしに、「揚げ足を取る」ような書き込みでしたね。それを文字で読んだアスペルガーの人たちには、非難とか攻撃とか受け取られてしまいがちだったんです。いわゆる「荒らし」に似た状況に突っ走りがちでした。ご本人にはそんなつもりはなかったとは分かるんですが、掲示板のみんなも激しく反応しちゃいましたからね。

たとえば、私たち定型発達者がときどき自閉っ子の発言に感じてしまう印象、「言葉尻をとらえる」とかそういうことでしょうか。

そうですね。発言の一部を取り出して「ここは不明確なのでもっと正確な説明をしろ！」

とか。それで何人かの管理人の方から「あの方に注意してほしいんですけど」という話も出ましたが、そのうちに掲示板に来なくなりましたね。そのころ仕事に復帰していたんですね。

今の安和さん見ていると信じられないですね、そういうころがあったことは。安和さんのようなケースじゃなくても、なぜネット上の印象と、実際会った印象って違うんでしょうかね？私もいつもその違いに戸惑うんです。

あのころ、どちらかというと躁状態だったんですよ。

そうですね。たしかに相手を攻撃しているわけじゃないんだけど、相手の痛いところをついてくるから、言葉を受ける側としてはしんどかったり、「わずらわしい」と思ったことも多かったんじゃないでしょうか。こんな小さな主題からはずれたことなのにこんなに突っ込んでくる、とか。言葉が不適切だったり。

でも自閉症スペクトラムの方々はセントラル・コーヘレンスの問題を持っているから、何が根幹で何が枝葉なのかがわからないんですよね。その人は、たまたまその点が気になってしまったから、細かく追求していっただけなんですけどね。それでますますＫＹになる。

浅見さんが言った「ネットと本人に会ったときの印象が違う」とはよく言われることですが、逆に、ネットに現れる印象のほうが本人に近いともよく言われます。会ったときには言葉で表現できる内面が表面に見えていないのかもしれません。だから会った時に見える表面は本人の実態と違っているのかもしれません。安和さんの場合はあの頃よりずっと成長していますしね。

組織は合わない？

ところで、安和さん。浅見さんとも話していたんですけどね、一家の大黒柱としてきちんとがんばりながら、自分がアスペルガーだと自覚し公言している成人男性って、あまりお目にかからないんですね。隠している人もいっぱいいると思うし、自分がアスペルガーだと認知していない人もいっぱいいると思います。

だから安和さんの生き方に励まされる人も多いんだろうなと思います。

でも会社組織って、実はすごく合わないんです。

ですから私たちの親の世代の当事者って、自分で事業興している人も多いと思うんです。うちの親もそうですし、家内の親もそうですが、自分で事業興して失敗しているんです。自分がかかわってきた人たちの中にも、事業を興している人ってすごく多いんですね。組織に合わないから、自分でやっちゃったんだろうな、と思うんですが。それで、知恵がある人は成功して、足りない人は失敗するんだと思うんですが。

アメリカで会ったアスペルガーのある成人男性は、水道の配管の会社を興していましたね。作業中手を深く切ってしまって血がどくどく出ても痛くないのに、そのあと治療で包帯を巻いたらそれが痛くて仕方なかったそうですよ。やはり感覚の特異性があったんでしょうね。彼の場合は奥さんが定型発達の常識人で、奥さんが経営のほうをしっかり見て、彼が職人技をきっちりこなすということでうまくいっているようですよ。そうやって家内工業のような会社だけど、組織に雇われなくてもやっていけるわけですね。やはり定型の人をパートナーに持つというのがいいようですよ。その人が社会との通訳になってくれますしね。

私がアスペルガーの人の起業に際して障害になるんじゃないかと思うのは、体力の問題と、不安定さに耐えられるかどうかですね。まあ、アスペルガーの人のひたむきなところなどは、起業に限らず働く人間として大きな強みになりえるところだとも思いますが。

いずれにせよアスペルガーの人が起業するのなら、周囲に数字に強くて、多少のことにはへこたれない人がいて、折に触れその人のアドバイスを受ける習慣をつけておいたほうが無難かもしれませんね。

一家の大黒柱として

ところで安和さん、お子さんはかわいいですか？

はい。

奥さんと心が通うな、と思ったり、奥さんに愛情を感じるのはどういうときですか？

そうですね。まあ、生育環境も似ているところがあって、小さいころこういうことしたね、とか、あのとき私もそうだった、俺もそうだった、と話し合うことがあります。そういうときに心が通うなと思います。

なるほどね。

それと、一緒にいるときにやっぱり、安心感を感じられます。

突っ込んで悪いんですが、どういうときに安心感を感じるんですか、一緒にいて。

一緒にいるだけで感じます。

なるほど。奥様も同様に安心感を感じていると思いますか？　結婚して何年ですか？

もう十四年です。

十四年ですか。もう長いですね。

生育環境が似ているのもあって、同志みたいな関係です。

そこから始まったんですものね。

ごきょうだいは？

家内のほうには男兄弟が三人います。私には弟と妹がいて、弟は大学院まで出て一部上場企業の研究員をしています。妹はスナックを経営しています。

それぞれご自分の道を選ばれたのですね。

お父様はどうなさってますか？

……いやあ、自活してます。

たしか、破滅型の人生を送ってきてらっしゃったんでしたっけ？

安和さんはどうもお父様のことが引っかかっているようですね。

いやあ、あんな生活したくないな、と思って。

反面教師なんですね。

はい。やっぱりね、父みたいな生き方をしていると、周りからの評価がすごく低くなるんですよね。

お父様はどうですか？（自閉症スペクトラムの）お仲間だと思いますか？

仲間どころか……。私から見たらとてもわかりやすい当事者だと思います。

自分の父親のような父親にはなりたくないという気持ちは強かったのですか？

他の父親像を見たことがなければ、アスペちゃんとしてはそういう気持ちはなかったかもしれませんね。

なかったですね。どちらかというと父親のような生き方をしなければいいな、と。そうすれば父親のような父親にはならないので。

わはははは。やっぱり定義が細かいな。さすが自閉っ子。

ホントに。人が思いもよらないところで細かいところに着目しますね。

自分も子どものときほうっておかれたので、もともと「子どもはほうっておけば育つもの」という意識が強いので。

安和さんみたいなアスペルガーの人が親に日常的・恒常的にぶたれてきた経験を持つと、親みたいになりたくないとは思っていても、自分の子をたたいてしまうようになります。だから安和さんの場合は、本当にほうっておかれてむしろよかったですね。

そういうものなんですね。

そうです。他に方法を知らないから。親みたいになりたくないと思っていたとしてもなってしまうものなのです。

そうなんですね。普通の人でもそうでしょうが、自閉っ子はまた、ロールモデルの真似がうまいですからね。

そう。だから良かったですね、強烈な干渉がなくて。もちろんそれは、今から振り返って思えることで、若いころはもう少しかまってもらいたかったという気持ちもあったでしょうけど。

まあ、欲を言えばっていうか、いや、あきれているっていうか……。いまだにそれはありますけどね。今、自助活動をやっていても思うんですけど、本当に親の影響を受けている人がすごく多いんで……。まあ問題のある家庭に育ったから、人間として強くなれるという面もあるのだとは思いますが。

自助グループの限界

問題のある家庭に育って強くなる人もある一方で、いつもそうだとは限りません。すごく穏やかに育った人が、すごく強い人になっていることも多いです。

それはそうでしょうね。健全に育てば、人間としての心の強さも身につくし。自分に余裕のある人は、人を思いやることもできますし。

現時点では、当事者の自助グループだと、そういう良好な状態の人とはあまり会えないかもしれませんね。私は基本的に今のところ、専門家が介入しないＡＳＤだけの自助グループはお勧めしない立場をとっています。共感はしますが、自助グループの運営と行く末に非常に懸念を抱いているのです。自助グループでは、参加者の思考の方向性がずれていくとトコトンずれてしまってもそれに気づかないこともあるし、社会性に問題ある同士でいさかいになることもあり、それがこじれた場合に修復が困難になりがちだからです。洗脳も簡単に起こりえます。

専門家のカウンセリングと自助とのバランスを保てれば、メンタル面を健全に導く支援も可能になるでしょう。そのバランスが大切だと考えています。

それと、私たちのところに支援を求めていらっしゃる方の中には、穏やかに育った人も多いです。そういう人は自分の特性をわりと早く自覚して、サポートの必要性に気づき、求めることができるんですね。仲間と共感を味わい癒されたいという段階も大切ですが、すぐその段階を抜けて、その先の具体的なサポートのカタチが欲しくなるようです。

そうですね。自助グループは、自分の気持ちが満たされると離れていく人も多いです。集まって話しているだけなんですが、社会性というよりセルフ・エスティームを高めることができます。セルフ・エスティームが向上して積極的になったりするという効用はあります。

肯定感が得られるんですよね。それはいいことですし、自尊感情を高めるのに効果的です。ただ、依存症の自助グループではどうなのか分かりませんが、私が発達障害の自助グループに関して心配しているのは、人間関係の均衡が崩れたときに当事者同士、仲間同士だと手に負えないからなんです。

ですから、アスペルガー症候群に限って言えば、なんらかのファシリテーター的な役割を果たしてくれる人がいたほうがいいと思うんです。直接参加してもらってもいいし、そうでない場合もモニターしてもらうとか、個別にカウンセリングしてもらうとか、そういう専門家のなんらかの関与は必要だと考えています。

そういう危険はあるんですよね。だから規約をしっかり作って、必要とあらば強制退会に持ち込める規則まできっちり決めてあります。

なるほどね。アスペルガー症候群の人たちには、明文化した規則がうまく機能する可能性がありますね。

今はまだ成人の方たちの支援者が少ないから、どうしても自助活動だよりになってしまう面もあるのではないでしょうか。今後各地の発達障害者支援センターが整い機能していって、バランスのとれた支援システムができてくるといいですね。

メンタルヘルスの保ち方

今、安和さんは医師にかかっていますか？　何か薬を飲んでいますか？

今はかかっていませんし、飲んでいません。

じゃあ、うつも治まっているということですね？

はい、そうです。それに自閉症スペクトラムにはべつに薬はないし。医師っていうのは基本的に、診断して薬を出すものだという認識しか今のところないですし。

ちょっときちんと話しておきたいことがあるんですけど、いいですか？

安和さんは感情の発達が弱いんですね。これもＡＤＯＳの検査結果から言える事ですが。けれども、感情の発達が弱いというのは無感情であるということでは決してありません。これまでのお話でもわかりますが、安和さんは人への思いやりも十分にお持ちです。

ただし、安和さんのアスペルガー症候群に特徴的なことなのですが、さまざまな状況のもとで、自分自身の感情をリアルタイムで覚知する機能がうまくいかないし、遅れて覚知する場合もあります。また実際に、ある特定の感情は発達が遅いとも言えます。その上、そういった感情の言語による表現力がさらにうまくできにくいという特性もあります。多くのアスペルガーの人たちに共通している、ある意味で典型的な特性です。だからこそ、うつになるまで状況に気がつかなかったこともあるわけです。周りの人も気づかないくらい。

つまり、今は安定していたとしても、将来不安定にならないとも限らないです。しかも、自分が気づかないうちにね。そして、知らないうちに不安性障害みたいなものが出てくるかもしれません。だから、今のように健康で安定しているときから、定期的にドクターにかかって、安定している状態を見てもらっておいたほうがいいかもしれませんよ。

なるほど。普段の自分も見てもらっておいたほうがいいということですね。そうすればおかしくなったときもわかる、と。

なるほど。そういうことなんですね。メンタルヘルスを保っていくというのは。

年齢がこれから老化に向かうでしょう？　自閉症スペクトラムの人のエージング（加齢）に関しての研究は、これからですからね。定型発達の人だって年を取れば頑固になったりするでしょう？　それに男性の更年期障害は緩やかに出ますからね。それが最高潮に達したときはうつになるし。だからうまくいっている今だからこそ、ドクターにかかっておくという考え方もあるのですよ。もちろん「行け」っていう命令ではなく、助言なんですけれどもね。

依存症について

ところで安和さんは、実はギャンブルを始めたのもお父様がきっかけだったとか。

そうです。父がばくち打ちで、小さいときからばくちについて行っていました。自分もやりたかったけれども、視覚的に「18歳未満禁止」の張り紙を見ていたからやりませんでした。それで十八になったから権利を得たと考えたのです。

小さいころ見た「18歳未満禁止」の張り紙を、十八になるまで律儀に覚えていたんですね。私だったら、十八になって改めてギャンブルに手を出すかどうか考えると思いますが。自分の立場や経済力も含めて考慮して。

アスペルガーの人たちには、「選択肢」を示されているということを文脈の中から掴むコミュニケーションスキルがないんですね。選択肢は包括的な全体像の一部なんですが、文脈のハザマに隠された「他の選択肢」の存在を理解できないんです。

この場合だと、「十八歳以上でも状況によってはギャンブルに手を出さないほうがいい人もいる。自分がどちらなのかよく考えてみる必要がある。その判断力がつくのが一般に十八くらいだと思われるので十八歳未満は一切禁止」ということですよね。十八になるまで許されないという状況自体から、メッセージを読み取るのが定型脳ですね。

いずれにせよ、こういう自閉脳の特性を、周囲の私たちがわかって会話していないと、とんでもない誤解が生じているような気がして。

ギャンブルの深みにはまって金がなくなるとカツアゲにも走りかねません。本当に恐ろしいことだから、小さいときから何かに依存することの恐ろしさは教えていかなければいけないと思うんです。そういう活動をしようかなと考えています。発達障害の子どもにだけではなく、いろいろな子どもに教えていかなければならないことだと思います。

安和さんがそう思っても、学校教育現場ではそのニーズをまだ感じてないかもしれません。そういう話を聞きたいな、という判断をするかどうかもわかりませんので、相手のある活動をしたいと思うときは、相手のニーズを確かめてからにしましょうね。

はい。ただ本当に依存症は生活を破壊しますからね。すごく危険なものです。アルコール依存やギャンブル依存、すべて含めると数百万人に達する人が依存症で苦しんでいます。周囲の人も含めると、数千万人単位の人が影響を受けているわけです。それを考えると、依存症に関する教育は大事だと思います。とくに依存症に苦しんでいる人の中には、発達障害の人が多いように感じるんです。

トモコ先生のところに、依存症で苦しんでいる方の相談が持ち込まれることはありますか？

アルコール等の依存症で、直接うちに相談に来る人はほとんどありません。うちに来る前に、精神科の門をくぐっておられるようですよ。

なるほど、そちらが先なのですね。

依存症を併発している場合は、精神科での治療を優先させなければいけないことは、間違いありません。

そこである程度改善して、うちに紹介されたというケースはあります。

なるほど、そこで発達障害だという診断がついたのですね。

はい。今まで精神科から紹介されてきたケースでは、ある程度、強迫性障害などの症状が和らいでからのケースが多いです。治療前には発達障害は目に見えなかったけれども、治療の途中で発達障害を持っていることがはっきりしてきたというケースが多いようです。そして、精神科治療の後は発達障害に応じた教育支援をしてください、ということで。

なるほど。

安和さんの場合はちょっと違うと思うんです。安和さんは、自分で学ぶことができる人なんですよ。自分で本に出会って、自分で理解して、納得して、自分で変わろうと思って、努力して生活改善できたんですね。でも発達障害の人すべてがそうじゃないんです。治りにくい人もいるし、治るにしても波があったり時間がかかったりするものです。認知行動療法が効きやすい時期と効きにくい時期がどうしても出てくるみたいなのですね。

安和さんのようなプロセスで自分の発達障害に気づいた人は少なくないとしても、安和さんみたいにその後の自分の努力でここまで到達した人はそんなに多くはないのではないかしら。みんなその途上で、しんどくてつぶれていく、すなわち、二次性の障害というトンネルに突入し、出口のない人生のように思って日々を過ごしている人がすごく多いような気がします。

だからこそ治療の前に、予防が大事だと思うんです。

本当にその通りですね。

依存症っていう認識自体が、自分にも周囲にも無い場合もあります。とくにギャンブル依存症は、ただのろくでなしとしか思われていなかったりします。

ちなみに、安和さんはどんなギャンブルに手を出していたんですか？

パチンコ、パチスロです。

パチンコとかパチスロで、どうやって借金作るんですか？

ある程度お金持って出かけて行って、それがなくなると借金してまでやるんです。

今は完治しておられるのですね。そのことって本に載せていいですか？

かまいません。

これは親御さんにとっても、当事者にとっても、いい勉強になりますよね。そういうものに陥らないようにするのは大事なことですからね。

カード破産などした方もいらっしゃいますか？

います。カード破産どころか、破産して離婚して子どもも失って、とか、悲惨な体験をしている人もいます。

私もそういう例はたくさん見聞します。街でキャッチセールスに言葉巧みに言い寄られて断れなくなって高額で無駄な物を購入したり、あるいは、胡散《うさん》臭い宗教を本気で信じて多額の寄付をしてしまったり、友だちにお金貸してくれと言われて持ってないと言ったら連帯保証人になってくれと言われたり。

あああ、連帯保証人ね。はまってしまいそうですね、それは。自閉っ子、人の言葉をまっすぐ受け取るから。

それで、実印作るところから一緒に行って、最初は十万とか二十万を借りるんですけど、それがあっという間に数百万になったりするんです。で、借り手は端から返す気がないから、結局保証人になってしまった人のところに取立てが来るようになります。そうすると、親だって巻き込まれます。そして、「こんな風にだまされた」と心の傷になります。人にだまされた経験をすると、本当に立ち直れなくなります。

お金の貸し借りはしない

その点ギャンブル依存の自助活動では、債務整理の仕方なんかもアドバイスしあいます。安和さんのようにシステム・エンジニアという仕事ができる人でも、学校をドロップアウトしていてなんの資格もない人も、身体も健康とはいえない人たちも、言葉巧みに言い寄られると、アスペルガー症候群の人は誰も彼も引っかかってしまうんです。身体が健康じゃないと日雇いの仕事もできないんです。一日何時間かしか働けないので収入も限られて生活はギリギリかそれ以下なのに、連帯保証人を頼まれたら本気で信じて引き受けてしまう。

アスペルガーの人たちは暗黙の了解が理解できないと言われます。その弱点のために、相手の言外の悪意にも気づかず、言葉通りに真に受けてしまい、人を疑うということがありませんよね。そういうところが利用されてしまいがちなんですね。胸の痛むところです。イジメもこれに関連しますね。

なるほど……。

一方で、これまで会ってきたアスペの人の中には、テレビで華やかなコマーシャルを流している消費者金融は悪徳業者だと決めつけて、そういうところのものは意図的に踏み倒していた人もいました。

俺ルールですね。

ほんと、俺ルールです。でも俺ルールの人だけじゃなくて、前述のように、言葉にだまされて被害者になる方がとても多くて、本当に胸のつぶれる思いです。アルコールやギャンブルの相談はそれほど来ませんが、金銭がらみで騙されて被害者になった方の相談は多いです。のび太とジャイアンじゃないですけれど、そういう関係に陥りやすいんですね。利用されてしまうんです。自閉脳の人たちはウブだし。そして、友だちが少ないことを責められてきた人たちだから、「友だちだろ、ハンコ捺してくれよ」と言われると役に立ちたくて捺してしまうんです。どういう結果になるかが予想できないんです。

なるほど……。

そういうのを聞くと、やはり成年後見人制度とかを上手に利用する必要性を感じますね。

そうですね。それと私が子どもたちに子どものうちに叩き込んでおきたいと思って教えているのは、「お金は貸し借りするものじゃない」ということですね。それは、小学生のときから徹底して教えます。お金は借りないし貸さない。それは、わざわざ強調して徹底して教えています。それと、支援をしている子たちには、何かを買うときも相談するように言っています。

あと、それと、性犯罪ですね。男の子の性犯罪ばかり目立ちますが、女の子達も、アダルト系のビデオに巧みに誘われて出てしまったり、援助交際をやってしまったりという相談を受けることも、過去にはありました。

街中でスカウトされたりすると、真に受けそうですよね、自閉っ子の認知の特性から言って。

悲しい現実ですけど、引っかかってしまうんですね。

自助やっていると、そういう話もあるだろうな、という推測はつきやすいです。具体的には言えませんが。

イジメがどう見えていたか

学校時代は長いことイジメに遭っていたと伺ったことがありましたが、その話をしてもいいですか？

もう過去のことですからいいですよ。

いつごろのことでしたか？

小学校の頃は今にして思えば、のび太とジャイアンみたいな感じだったように思うんです。私はどちらかと言うとのび太みたいな立場で、ジャイアンみたいな子がいつもいて、命令されたり指示されたりして遊んでいたような気がします。ジャイアンみたいな子は場合によっては頼りになる気がしていました。逆らうこともできませんでした。殴られたりもしていましたが反抗もしなかったというか、できなかったというか。

中学校ではどうでしたか？

中学校になったらイジメはひどくなっていきました。私は勉強は全くと言っていいほどしていなかったんですが、授業中はなんとなく聞いていたから成績は良かったんですね。で、「本当は陰で勉強していたんだろう」とか思われていじめられたみたいでした。チビで痩せてて運動音痴なところに勉強はできてしまったので、それもいじめられる原因だったように思います。

勉強しなかったのは、小学校時代から全く宿題をしない子でしたので習慣づいていなかったからです。今から思えば、単なる「怠け」です。

「なんだアイツ！　抜け駆けしたんじゃないか!?」ってことになっちゃったのかな。でもそれだけじゃなく、やっぱり安和さんには会話の頓珍漢さも若干あるから、そこもいじめっ子にははまっちゃったのかもしれないですね。

教室の隅に追いやられて、二人がかりで蹴られたり、平手打ちされたり、私の上履きを放り投げられたりはありました。

安和さん、そういうことされて先生に言ってみるとかしなかったんですか？

何か物がなくなったときに先生に言ったような気がしますが、でも結局自分の管理が悪かったのだろうということになって、自分もなんだかそうだったのかなと思いこんだりして、よくわからなくなって、結局そのままになったような。基本的に、先生に言って助けを求めても何かが変わるとは思ってなかったと思います。

自閉症の人に対するイジメの特徴

欧米では、イジメに関しては、小中すべてでトイレが要注意箇所とされています。中には、トイレに防犯カメラを設置している学校もありました。

森口奈緒美さん（『平行線』ブレーン出版刊）やグニラ・ガーランドさん（『ずっと「普通」になりたかった』花風社刊）、リアン・ホリデー・ウィリーさん（『アスペルガー的人生』東京書籍刊）が、トイレや学校帰りにいつも同じ場所で嫌なことをする人が誰なのかとうとうわからなかったと証言しています。人の顔をおぼえられない特性を持っているアスペルガー症候群の人は多いですし、顔を覚えても場所が違うと違う人だと思ったりするのですね。

それは想像できますね。自閉症スペクトラムの方が、顔が覚えられないという証言はたびたび聞きます。ご本人たちからも。そうか、そうなるといじめっ子の顔も覚えられなくて不便そうですね。避けることが難しそう。

また、自閉症スペクトラムの人たちは別の意味でもイジメのターゲットになりやすいのです。言動が風変わりだったり、その割に成績が良かったり、反抗できないからいじめっ子心を刺激するという特性があるからです。それと特筆すべきなのは、本人がいじめられていると気づくのが遅いこと、それと、強烈なネガティブ体験なのに文脈を覚えにくいために、いじめられると分かっている文脈を避けるスキルを欠いていて、その同じ文脈にあたかも自ら戻っていくように受け取れる行動をとってしまうことがあげられます。

安和さんもそういう傾向があったのではないでしょうか。これについては、周囲の大人がきちんと把握して、子どもたちを学校内でイジメから守っていく対策を採らないといけないと強く思いますね。

森口さんの『変光星』を読むと、少なくともあのころは教師がイジメに対して無力だったということがよくわかりますね。最近だって、イジメ事件に教師が関与していたことが報道されたりしますよね。ああいう出来事は今に始まったことではないと思います。私は森口さんと同い年ですが、たしかに当時の教師の中にはイジメに加担している人がいましたね。それに、「いじめられる方も悪い」という言い方をする教師も多かったと思います。

いじめられる方も改善すべき点があったかもしれませんが、大前提としてイジメは絶対悪だと思うのに、そういう善悪をきちんと教える教師があまりに少なかったように思います。

もっともっといじめられた側からの証言を重大に受け止めていくべきだと思います。

ＡＳＤの人の場合、いじめられていたことに気づくのが遅いというのも、もっと注目されるべきです。私の成人クライアントさんもその多くが、卒業アルバムを見たり数年後にエピソードを思い出したときに、ようやく「あれはいじめられていたんだ」と理解することが多いのです。過去のことではあっても、わかったその時点からそのことでうつになったりした人もいるほどです。実際イジメが起きている時点では理解できないんですね。

でも、本人がわかってない、気づいていないから放置してよいというものではないのです。後日わかったら、わかったときには取り返しのつかない心の傷となる。すでに過去のことなので、相手に言い返すこともできないというどうしようもなさを感じるのです。ですので、注意深く子どもたちの様子を見守りイジメから守るのは、大人の責任なのです。リアン・ホリデー・ウィリーさんも強く訴えておられることですが。

それに、いじめっ子たちにも「イジメはいけない」と教える必要がありますよね。ときどき、障害児のきょうだいであるがゆえにいじめられるとか、そういうお話を聞くことがあります。そんなとき「そういう人権感覚だと将来恥ずかしい思いをするだろうから、イジメっ子にもきちんとイジメはイケてないことだと教えてあげたほうがいいんじゃないか」なんて話すことがあるんですけど、どうもぴんときてもらうことは少ないですね。イジメを損得で教えることに抵抗があるのかもしれませんが、いじめている側の子だって損失は大きいはずです。イジメっていうのは非文明的なことだから。とくに人が生まれもった条件や、生まれた家庭環境をネタにいじめるのは人としてみっともないと思うんですけどね。

「片づけられない＝ADHD」ではない？

ところで、安和さんは、生活上の実行機能のほうはどうなんですか？　藤家寛子さんは、お風呂に入るのも大変だと言っていました。それを聞いたとき、体力の問題だけではなく、自閉症スペクトラムの方が抱える実行機能の問題の深刻さに思い至ったんですが。

ここまででも「仕事の順番が決められない」「優先順位づけに失敗する」などの実行機能の弱点に関する特性が出てましたね。やるべきことがルーティンになっていても、切り替えがうまくいかないんですよね。それは、知的な障害の重い自閉症の人も同じなんです。

習慣づけてしまうとできることもあるんですが……。会社に着ていくワイシャツにアイロンかけたりとか。そういうのは必ず自分でやるようにしていますし、できています。

ただ、何をするべきか、必要性に応じて優先順位をつけるのは上手じゃないんですよね。

アイロンがけはしなくてはいけない、と誰かに言われたらするんだけど、いくつかのことを同時に実行する計画性は弱いんですよね。

そうです。そのとおりです。

私、アスペルガーに伴う実行機能の障害って意外と知られてないように感じるんですが……。

えーっ!? そうですか!? 実行機能に難あり、といえば自閉症スペクトラムなんですけど。

どちらかというと実行機能の障害があるのはＡＤＨＤ、という理解が行き渡ってきたように思うんです。とくに成人の場合ですね。だから、アスペルガーという診断で実行機能に不具合があると「きっとＡＤＨＤを重複しているんだね」という理解がなされているように思うんですけど、どうなのかなあ。

それは意外だな。思いもよりませんでした。ＡＤＨＤが日本で周知された時期、私は留学中だったせいかな。

トモコ先生とこうやってさまざまな自閉症スペクトラムの方にお会いしていると、アスペルガーの人たちも片づけられないんだってわかってきたんですが。でも、世間にそれほど知られていないと思います。

え、そうなんですか？ いや、そんなことないでしょう。私が付き合うのが英語圏の当事者たちや研究者たちが多いから、自分にとってこれが当たり前になっているだけなのかな？ Ａ

ＤＨＤも実行機能障害を抱えていますが、アスペルガーの人たちに実行機能の障害があるというのは、このギョーカイでは広く認知されている事実です。実行機能の障害がある人の多くは、ＡＤＨＤというより自閉脳であることが多いと思いますね。成人当事者をたくさん診ている医師も「ＡＤＨＤと紹介されてきた成人当事者で、純粋にＡＤＨＤだった人はいなくて、ほとんどがアスペルガー症候群と再診断しました」と証言されているくらいです。

そうなんですか？　まあ考えてみれば、ＴＥＡＣＣＨプログラムとかってまさに、実行機能の障害を補う意図が込められていますよね。ということは、自閉症スペクトラムに実行機能の障害があることは知られていたんでしょうけど、日本では成人支援の導入が遅れたこともあって、「片づけられない＝ＡＤＨＤ」という理解が先走ってきたのではないでしょうか。でも先生とこうやってさまざまな当事者の方にお会いしてわかるのは「片づけられない＝自閉症スペクトラムorＡＤＨＤ」なんですね。

その通りだと思いますね。ＡＤＨＤの人にももちろん実行機能の障害はありますが、自閉脳の人の実行機能の障害はセントラル・コーヘレンス（中枢性統合機能）の弱点と関連して、生活上の困難を複雑にしています。複雑にしているというばかりでなく、「こんなことができないの？」と支援者の意表を衝くような「不可思議なできなさ加減」を呈してしまうことが多いので、「ＡＳＤってわかりにくいな」と思われてしまうことになるんです。

そのようですね。ただ、同じように「できなさ」を抱えていても、ＡＤＨＤの人と自閉症スペクトラムの人とでは「世界の切り取り方」が違うような印象を持っています。だから、必要な支援の仕方、適切な説明の仕方が違ってくるような気がするのですが。そう考えると、本当は自閉圏の人がＡＤＨＤと誤診されることはあまりいいことではないように思えます。

行動を始められない

計画性のスキルの他、アスペルガーの人が持っている実行機能のまずさには「イニシエーションのまずさ」もあります。

行動をなかなか起こせないということですね。

そうです。それと「変更への対応の困難」や「トランジション（切り替え）のまずさ」もあります。自分では「終わり」を見つけられず、注意をなかなか切り替えられず、変化した状況に自分の側を調整して合わせるということができないのです。

それは見ていて実感しますね。

だからこそ、ルーティン化するとはまるでしょ。

なるほど。成澤達哉さんからお話を聞いたときに、日曜日にはまとめてお洗濯しながら何かをやるというのを聞いて、自閉症スペクトラムでもこういうことできる人もいるんだなあ、と思ったんです。「ながら」って一般に自閉症スペクトラムの方は苦手そうだなと感じていたんで。

でも、ルーティン化するとできるんですね。

その通りです。アスペルガーの成人当事者の生活支援に際しては、生活の流れをいかにルーティン化するかが大切です。適切に細かくルーティンを組み込むのが有効です。そして、変化への対応にもルーティン化を活用する方法が有効です。ところが、純粋にＡＤＨＤだけの人にはルーティン化が必ずしも有効じゃない場合もあると感じています。枷《かせ》になってしまう場合があるでしょう。

そうかも。

でも、自閉の人はルーティン化するとできるし、変化への対処法すらもルーティン化すると慌てないですみます。彼らは慌てふためく事態に遭遇すると、極端に不安に陥ってしまいますから。

ただ、どちらの場合も視覚支援を効果的に使用することは絶対に必要と言えますね。

なるほど。でも、自閉症スペクトラムにまつわる実行機能の障害って、もっと注意を引いていいような気がするな……。

日本ではされていないのかなぁ。

う〜ん。どうだろう。自閉症スペクトラムの人が実行機能の障害を抱えているのはよく観察されるけれども、自閉症と直接リンクしているという認識はまだまだなされていないような気もします。少なくとも、じゅうぶんには。でもニキさんが『自閉っ子におけるモンダイな想像力』で書いてくれた自閉脳の特性を理解すれば、自閉症の人が対社会以前の部分で生き難さを抱えているのも納得できるんですが。

アメリカやイギリスで活動していると、実行機能の問題は当たり前のこととして認識されているのですけれどね。英語圏の研究会に行くとこの話題がないところが見つからないほどです。実行機能障害が強いから、視覚化したスケジュールやワーク（活動）システム、ルーティン、手順書、スクリプトなどが支援ツールとして有効という説明がなされるんですね。それも、自閉脳の情報処理は視覚が得意なので、そういった支援ツールは視覚化しておくべきだと解説されているのです。

そうなんですね。支援ツールは、そのためにこそ必要なんですね。自閉症に関する研究と支援の実践が進んでいる国では当たり前とされているのですね。安和さん、どうですか？　認識されていると思いますか？　私は皆さんがそういう困難さを持っているのは観察してきましたけど……。

そうですよね。みんな持っていますよね。たしかに今のようなことを説明されると納得できます。

実行機能障害のもたらす特性の中でも、イニシエーション（行動開始）のまずさや変化への対応の弱点っていうのは自閉症特有の特徴といえます。

それも見ているとわかります。

そしてそれが、対人コミュニケーションとも連動していますからね。実行機能障害には切り替えのまずさもあります。

イニシエーションのまずさがどうやって、対人関係に影響するのですか?

「会話をどこから始めるか」、「どこで会話を終了させるか」、「相手に話しかけるタイミングの把握」がまったくつかめない、また適切にできないという特性を示します。その他、できごとを「順を追って相手にわかるように説明する」ということが難しく、単純な会話はできても成人期の対人コミュニケーションの機能不全はむしろ高まるのです。「社会的に適切な判断力」の問題もこういった複雑さの中で際立っています。特に青年・成人期に大きな問題となることが多いのです。

なるほど。

その結果、同じ話を何回も繰り返してしまって会話を終了させることができなかったり、話しかけるタイミングをつかむことができません。また見通しを持ちながら仕事を進め、必要なときに手助けを求める機会をもてずに、仕事上重大な結果になるのを見過ごしてしまったり、という事態になることもあります。

重大な障害部分で、ＡＳＤ支援の中核ポイントともいえるので、支援者には十分認識と把握が必要な部分です。うちのスタッフには徹底して、この部分の支援法をトレーニングしています。

そう説明されると、実行機能の障害が対人関係にも影響を与えているのがわかります。ただそういうことが、本に書いてあるかなあ？　そして教育の場で、実行機能への対応の必要性がじゅうぶん認識されているのかなあ？　重要視されているのはとりあえず共感性やコミュニケーション能力であって、実行機能の問題は二の次にされているように、部外者の私なんかには見えてしまうことがあります。「友だち原理主義」というか。

アメリカの研究者たちの文献やメジボブ博士の講演会などでは、実行機能障害については必ず説明していますけど。そうだ、「TEACCH Approach to Autism Spectrum Disorders」（邦訳『TEACCHとは何か』エンパワメント研究所刊）という本にはかなり詳しく書かれています。

就労のバリアとなるのはむしろ実行機能障害

何か自閉症スペクトラムというと、コミュニケーションとか社会性とか、そっちの方面が強調されているのかもしれないなあ。安和さんはどう思いますか？

実行機能って、すごく大きな問題ですよね。そこが難しいから、就労で失敗するんですから。

そうそう。就労の場では、社会性とかコミュニケーションより、実は大きな問題だと思います。共同作業のない職場はあっても、実行機能の不要な職場はありません。

その通りです。たとえひとりで自営をしていても、いや、自営ならなおさら、実行機能は重要なスキルになりますね。社会性とかコミュニケーションの障害というのは診断基準です。実行機能やセントラル・コーヘレンスの弱点、セオリー・オブ・マインドの弱さというのは脳機能の障害特性であって、こういった脳機能の特異性こそが、診断基準に示されたような「三つ組みの障害」を構成するファクターとなるわけです。

じゃあ学校現場とかでは診断基準のみを見て、「情緒～」「ことばの～」という学級名でくくっているのか。

テレビのワイドショーなんかで騒がれることのある「ごみ屋敷」というのがありますよね。冗談では済まされないご近所迷惑ですよね。ああいう場合、ほかの背景もあるのでしょうが、実行機能の問題が「ごみ屋敷」状況を生み出すのは間違いないですね。

つまり「片づけられない」という症状は診断名には出てきませんが、脳機能障害としての実行機能の障害からくる症状ともいえるのです。この部分も具体的な支援が必要とされます。

それいゆで支援している成人当事者で、こんな人がいましたね。その人も「片づけられない女」だったんだけど、片づけの枠組みを構造化して作ってあげて視覚支援も組み合わせたら、それからは決して散らかしたことがないという人が。

そうそう！　そういう自閉っ子の律儀さというか、規則をきちっと守れるところというか、そういうのが活用できるとすばらしいですよね。それを職業の場で活かせるはずだと思うんですけどね。

たとえば自閉症スペクトラムの人の中には、お菓子作りが上手な人も多いのですよ。あれは、レシピが厳密に決まっているでしょう？　そしてレシピを守らないと、うまくいかなかったりしますよね。

そうそう！　私、お菓子食べるほうは好きなので、作ろうと思うこともあるんですけど、あの厳密なレシピを見ると、頭がクラクラしてあきらめてしまいます。なるほど、自閉圏の方は、ああいうのを厳密に守るのが得意そうですね。そういうことを、雇用者に伝えていければいいですね。

そう言われれば、自分もルーティン化していますね。ルーティン化するまでがすごく大変ですけど。

自分ではルーティン化すべきポイントがうまく決められない人、見つけられない人が多いです。でも作ってもらったら、それがうまく機能するので、「(実は) こんなにできるんだ」と驚くほどスムーズに生活や仕事の能率が改善するのも自閉圏の人なんです。

僕は自分でやりますけど。

自分の弱点と、職場や家庭生活での期待値とのズレや関連を把握できるようになった自閉圏の人は、自分でできるようになるかもしれませんね。仕上がりとして何がどのようにできているべきかがわかってくれれば。

そうですね、はい。最初はできないですよね。小さいころは特に。

夏休みの宿題とか自分では計画立てられないですよね。

無理です、無理です。

え、できないんですか？

できなかったでしょうね、安和さんは。

なぜ宿題ができないか

そうなんですか……。「いい大学行った人は小学校の宿題なんかやすやすとこなしたはず」っていうのは、やはり誤った一般常識に基づく思い込みですかね。

「誤った一般常識に基づく思い込み」というのは的確な表現だと思いますね。失敗から学んで、観察から規則性を見出すスキルを伸ばした人は、経験から学べるようになります。学習や練習問題の一つ一つについて解答を導き出すことなどは、できる場合も多いのです。けれども実行機能に問題があり計画性が悪いので、結果的に宿題や課題に対する時間配分がうまくないし、計画的にこなしていくスキルがないんです。

たしかに、ドリルの問題を解くことと、そのドリルに向き合う時間を生活の中にどう組み込むかということは別の能力を要しますね。

計画をまったく立てられない人もいれば、ムチャクチャな計画を立てて計画倒れになりがちな人もいます。

たとえば宿題を済ませるための計画を考えたとしても、一つの宿題を遂行するのにいくつのステップが必要かとか、調べ物が必要かとかの判断と決定が、それとはべつに必要になります。宿題の教科数が多ければその判断と決断が「×教科数」で増えて複雑になります。一つのチャンネルでしか動けない自閉症スペクトラムの人にとっては、これを同時にこなすことは難しいです。

しかも、そのほかに、ごはんを食べたりお風呂に入ったりという日常生活動作も同じ時間の流れの中で平行してやっていかなくてはなりませんよね。そういったことをすべて組み込んで時間配分するのは、至難の技です。その上、日常生活には変化というか予想外の変数があります。家族の都合なども時々飛び込んできますので、それに合わせて計画変更や調整をするスキルも要します。これも実行機能の果たす役割で自閉脳にはとても難しいことが多いです。

そして、日々、最後にはすべての帳尻が合い、すべて完了し（お風呂も歯磨きも衣類整理もおもちゃの片づけも、そして宿題も）、おまけに夏休みの終わりにすべて完了しているように計画しつつ変数に合わせて調整しつつ遂行するということが求められています。夏休みの宿題ということに求められている計画性は、これほど複雑なことであるわけです。

なるほど。その通りですね。考えてみれば至難の業ですね。夏休みにラジオ体操して泳ぎに行ってスイカ食べて昼寝してお風呂入って、しかも宿題もやるというのは。よくやってるな、みんな。

こういったことは、定型発達の人にとっては子どもでもある程度は楽々とこなせるささやかな計画性です。けれども、たとえＩＱが高くて防衛大に入れるほどに学業成績の良い人でも、自閉脳の人にとっては、「無理難題の曲芸を練習無しにさせられる」（@森口奈緒美さん）ような状況と同じなのです。経験で学べると言っても、失敗して壁にぶち当たって、叱られて相当辛い体験を経た結果の学びなので、できればこの部分は失敗から学ぶということは避けたほうがいいです。すなわち、高機能でも絶対にサポートが必要となる部分なのです。英米の中学高校・大学の特別支援教育の場では、実はこういった支援は「車椅子の人にスロープやエレベーターを提供するのと同様の支援」として浸透しているんですよ。就労支援でもいえることですが、日本の中学高校での特別支援教育でも早くそうなって欲しいものですね。

そのためには、自閉症スペクトラムの皆さんに実行機能の障害があり、それが社会生活や学校生活を営んでいく上のバリアとなっていることが認知されなくてはならないと思います。さっきも言いましたが、特別支援級には「ことばの～」とか「情緒～」とかの名前がついていることが多いことを見ても、まずコミュニケーション力や、他人への共感など、他人とかかわりのある部分の問題が重視されていることが伺えるんですがどうなんでしょうか。そして、実行機能や計画性などは「根性で補える」とみなされている現場もあるかもしれません。先生のお話をうかがっていると、根性より方法論のほうがずっと効果がありそうですけどね。この件に限らず、自閉症に対する支援の不備の多くは、人権意識の欠如ではなく、知識不足によって起きている気がすることがあります。

でも夏休みの宿題ができないのも、実行機能の問題なんですね。そういえば、なんとなくテレビ見ているとすごく時間が経ってしまうとか、そういうことを訴える当事者の方は多いですよね。

お勉強はできて、いい学校に行っていて、やらなきゃいけないのもわかっているし、やる気もあるのだけれども、「やっていることを止める」ことを実行できず切り替えられずに何も着手できないまま時間が過ぎてしまうというアスペルガーの子も多いのですよ。たとえば客観的に見ると宿題をさぼったように見える夜のことなども、本人に言わせると忙しくて仕方がなかったんだそうです。で、何が忙しかったのか訊くと、テレビのニュースを見て、政治の問題とかひとつひとつ考え込んでいるんですね、真剣に。そしてそのうちお父さんとお母さんがケンカを始めると、それもずっと見ているんです。だから本人は「大変だったんです」って言うんですけど、こなすべきことはこなせていないんです。見ていて考えているので、それで精一杯頭の中が忙しくなってしまうんですね。

ニキさんがよく講演などで「本業になってしまう」という話をします。たとえば宅配便を待つ間、私たちなら何か別の用事をこなしますね。でもニキさんにとっては、その間待つことがフルタイムの本業になってしまうというたとえをします。

思うに、自閉っ子の皆さんはひとつひとつのことにあまりにも律儀に取り組むので、政治について考えることやご両親の夫婦喧嘩をウォッチングしてどうしたものかと考えることが、その時点での本業になってしまうんですよね。結果、本当の本業はお留守になってしまいますね。

自分で「関係あるものと無いもの」「優先順位」をつけ、関係ないものは「切り捨て」、「切り替える」という実行機能を働かすことができないのです。自分は自分のことに集中するというふうには切り替えられないんです。結局その子は中学三年間それで通したんです。でも成績は良いんですよ。授業中聞いているから。

一生懸命聞いていたんでしょうね。

きっと、その聞き方も独特なんですよね。まず、先生のほうを向いていない。開いているのも教科書じゃなくて、地図帳だったり辞典だったり。それでも実際は聞いていて、頭にも入ってきているんですけど。

あはは、その通り！　安和さんには見えるようなんですね。だから成績はいいんですよね。どんなに指導されても板書をノートに写せない子もいます。それでもテストの成績はいいんですけどね。一方で提出物はまったく出せない。これも実行機能関連ですけど。

板書、私も取れなかったですよ。だから、ノートは一冊しか持っていなかったです。どの教科もその一冊ですまして、ノート提出しろと言われると次の時間ノートがありませんでした。やっぱりよく叱られましたね。でも、学習の方法ってそれぞれなのにな〜。私はむしろ、講義聴きながら教科書に書き込んでいましたね。それでテストの前はその教科書を書き込みごと読めば乗り切れました。

その子の場合、聞いていると、書きとることができないんですよね。だからノートは取れない。聞くことと書くことは別物だから、同時には一つのことしかできない子だったのです。

私の場合は聞くより読むほうが得意だったんですが、ノートじゃなくて教科書に書き込むほうが、あとで勉強するとき自分には便利だったんです。それぞれに合った勉強法でやらせてくれりゃあいいのに、あのころの学校はなぜか「勉強はこうやるのがスタンダード」みたいな様式美にこだわっていましたね。しかもその方法が、必ずしも私には合ってなかったから、先生の言うことは無視して自分のやり方でやってました。思うに、先生にとっていいやり方だったにすぎないんじゃないですかね。教師っていう人種は、自分の相対化がヘタですよね。今は少しはマシになったのかな。

高校に入ったときに、いっきょに英語の成績がわるくなったんです。それで「これはやばい」と思って、予習をするようになったんですね。単語を調べてから授業に出るようにして。そうしたら、一気に成績が上がりました。

きっとね、中学のときから予習しろって言われていたと思いますよ。辞書調べて来いって。でも聞こえていても意味を受け止めるチャンネルが開いていなかったのでしょう。

あはは！　きっとそうですね。

私の場合、それをやっただけで、なぜか他の科目の成績まで上がって、今まで中の上くらいだったのが、学年で十番くらいに入ったんです。

すごい！

だから、最初から「○○になる」と目標を持って勉強していたら、全然違う人生になったんじゃないかって自分では思うんです。でも、目標はなかったんです。ただなんとなく過ごして、なんとなく成績が上がっていったというか。中学のときも、中間テストとか期末テストとかは、九十人中十番に入るか入らないかでした。でも、学年が変わっていきなりテストとかやると、二番とか三番に入りました。だから、知らないうちに勉強は身についていたんだと思います。

高学歴の罠

もちろん世間を渡っていくためには高学歴は強力な武器になるわけですが、定型発達者の場合だって「高学歴＝社会は三顧の礼をもって受け入れる」という伝説は薄れてきていますよね。高学歴が必ずしも就労に結びついていない世の中になってきたんですけど、そのことに親の世代が気づいていなかったりする。本人だって自閉症スペクトラムの当事者の方の場合、世の趨勢の移り変わりにも気づきにくいかもしれないし。

単純に、勉強にまつわる視覚的な入力というのは強いので、成績だけは上がると思うんです。

そういう風に割り切って考えられればいいけれども……。学校限定ルールを引きずりがちな人たちでもあるから。学校時代のルールと社会のルールはガラッと変わるのに、それについていけないと大変だと思います。

なるほど。安和さんのように自意識がちゃんとしていればいいけれども、高学歴であるだけに高慢ちきになっていくケースも多いですよね。

そう。そして、高学歴である自分を受け入れない社会を恨んでいったりすることもありえるかもしれませんよね。

そうそう。

私も「何よあなた、良い大学出ているのに」と言われることもあるんですけど、たまたま学業の成績だけ良かったんだと言いたいんですよね。

それはとても謙虚でいいですよね。

本当に。謙虚というか、社会をきちんと知っているというか。

そう。社会から見た自分に気づけない人もいますけど。

でもやはりそれは、学んだからですよ。

学んだからなんですね。いやー、本当に、当事者の方のお話を伺うと勉強になります。安和さんは「自分を変える努力も必要だ」ときちんと認識して、そのための努力をなさっていますよね。でも、それに気づかず就労に失敗してしまう発達障害の当事者も多いんです。そしてそういう人たちの中には「自分を変える努力が必要だ」と認めるだけでもバカにされたような気になってしまう人もいるんです。そして、世の中の恨み言を口にしてしまう。時には犯罪を起こすのではないかと受け取られかねないようなことを。

誤解されてしまいますよね。発達障害と犯罪をリンクさせないでほしいと世間に望みながらも、恨み言を口にしてしまうのは。

要は二次障害が入るかどうかが大きいと思うんです。発達障害と犯罪は直接リンクしないけれども、周りの対応によっては、世間を恨んでいくようになるかもしれません。

安和さんのお話によって当事者の方々が「自分を変える努力も必要なんだ」と認識してくれたらいいな、と思います。

そうですね。自分を変える努力って、定型発達の人だって必要ですしね。定型発達の人は、自閉っ子より楽をしているかもしれませんが、やはり世間に出てお金を稼ぐためには努力をしているわけですし。

私たち専門家が言うと、押し付けにとってしまう人もいるかもしれません。でも、安和さんたちご本人の経験から出た言葉が若い人たちに届けばいいなと思いますよ。助かると思います。

そうですね。

あと、一つだけ言いたいことがあるんですが、仕事をする上で一番大事なことを言い忘れていました。それは、「自分の限界を知ること」ですね。

ああ、それはすばらしい言葉ですね。

自分がこれだけできる、というのをわかっていないと、実際サラリーマンなんかできないんですよ。

ジョブ・マッチングもできないですよね。自分に向いた仕事は何か見つけることも。

それにしても安和さん、防衛大学校という進路選択は、ミス・マッチングでしたね。

そうなんですよ。すごいミス・マッチング！

どうして防衛大学に行こうと思ったんですか？

金がかからないんで。父親の仕事が不安定だったので「防衛大学なら行ってもいいぞ、授業料かからないし寮に入れるし」って言われたんです。それで、ああ、行こう、と。

それも、はっきり言って自閉っ子っぽい律儀な認知ですよね。ある意味、素直に見えますよね。私だったら、親のいうことなんか聞かず、奨学金もらって好きな大学に進むとか、他の道をひねくりだしたかもしれないけど。

でも高校生なんかそんなに世間を知らないし、何しろ防衛大はお給料ももらえますしね。

僕はたぶん自衛隊行ったら、相当バカにされていたと思います。

・ひいひい（↑笑いをこらえている）。

僕たちの年は任官拒否も多かったんですけど。

でも鍛錬というか、身体的な訓練もハードだったでしょう？

はい。

映画で見るようなアメリカ軍隊並みでしょう？

私は陸上自衛隊に行かされていたんで、そういう訓練はしましたね。四年生のときは一ヶ月間、富士の裾野の泥がぐちゃぐちゃの中で訓練しました。終わると、必ず銃の分解掃除をするんですね。長靴も磨き上げないといけないんです。で、一回さぼったことがあって。そうすると翌日動かないんですね。

自衛隊とか警察とか、そういうところにはアスペルガーの人は多いようですよ。白黒はっきりさせるルールのしっかりした職場だからわかりやすいでしょうね。体力のあるＡＳの人には向いている部分もあるんじゃないでしょうか。

指揮系統がはっきりしているし。アスペのお巡りさん、いいなあ、不祥事起こさないでしょうね。

ホントですね。

ハマる人はいいんですけど、実行機能に障害がある人って合わなかったりもするんです。

なるほど。実行機能もモノを言いそうな職場ですよね。きつい訓練のあとに分解掃除したり。

そうかもしれないですね。体力やエネルギー配分に問題のある人は無理でしょうし。でも、明文化されたルールがはっきりある世界だから、やりやすい面もあるかもしれませんね。防衛大学は行かなくても、街で募集しているのに応募している中にはアスペルガーの人多そうです。

フォレスト・ガンプって映画がありましたよね。ああいうタイプの人にはすごく合うと思うんです。ただ、あの映画の中でガンプにぐちゃぐちゃ話しかけていた人いましたよね？

除隊してからエビとってた人ですね。

はい。ああいうタイプの人には、軍隊ってすごく向かなかったりするんですよ。たとえば警察の交通課なんかに回されても、規則を守るだけじゃなくて、処理能力を超えるくらいの事務仕事が発生してきますよね。そうすると、つらいんです。実行機能のない人には。逆に、私の知っている人の中にもいるんですけど「いったんやると決めたことは何がなんでもやる」というタイプの人には向いています。

なるほど。

当事者と言っても、本当に違うんですよね。当事者同士で話していると、それがわかるんです。

なるほど。でもとにかく、自立できる自閉っ子が一人でも増えるといいなあ。

安和さんは、振り返ってみれば依存症、失業、うつ、といろいろ乗り越えてきましたよね。自閉っ子ってトラブルに直面するとそのことで脳みそがいっぱいになってしまうみたいですが、実は世の中、乗り越えられないトラブルなんてめったにないんですよね。そのことを知ってほしいなあ。

本当に、よく見回してみると、社会のいろいろなところで実は自閉症スペクトラムの人ががんばっていると思いますね。安和さんもすてきですよ。人として向上しようと本当にがんばっていて。今日はどうもありがとうございました。

安和さんとお会いして　感動的な成長

トモコ先生、『自閉っ子、自立への道を探る』のお三方に続いて、安和さんからもいいお話が聞けましたね！

本当に。診断を受ける前からの安和さんを知っている私には、成長ぶりが感動的でした。

私が安和さんとお知り合いになったのはつい最近なので、最初から普通に社会人をきちんとできていた方、みたいに見えています。でも、過去は違ったのですね。それが信じられません。

そうですね。私は安和さんがうつで入院する前から知っていますから、いろいろな状態の安和さんを長年にわたって見てきました。以前は、直情径行で、周囲の人たちのことなど眼中にないような感じでして、やろう！　と思ってしまうとビューンと飛んでいってしまう感じでした。でも、もちろん人のことに気がつくととても優しい人でしたけれど、気がつかないことの方が多かったから（微笑）。表情表現も乏しいので、人と話すときはモノトーンであり、感謝・謝罪などといった気持ちを人に伝えないといけない場面では、ペダンティック（学者風）なＡＳＤの人にありがちな、非常に尊大な印象を与えるところがあったので、私としてはいつも気がかりな人だったのです。インタビューの中でも触れたように、ネット上の掲示板で他人が発言した内容の細部を重箱の隅を突くようにとことん追求して、他の方から攻撃ととられたこともありましたし。それも何箇所もの掲示板で。

たしかに自分の発言内容の細部を攻撃されるとうっとうしく感じますね。私だって感じたと思います。でも、安和さんとしては当時だって、決して悪気があったのではないんでしょうね。自閉っ子らしい律儀さがそういうかたちで出てしまったのですよね。しかも、仕事をしていなくて時間があると、そういうことに走ってしまいやすくなるのかもしれません。

そうです。見てしまったり気がついてしまうと、自己コントロールを身につけていないＡＳＤの人は、その衝動を止められないですからね。周囲の人はやはりそれに振り回されますね。今の安和さんは、そういう自己コントロールがずいぶんできるようになっていますし、周辺が自分に期待すること・要求されていることの把握にも気をつけて、自分が合わせられるところは合わせる努力をしています。しかし、以前はそうではなかったので、大変なトラブルを会社でも起こしてしまっていたようです。たとえば、業務につながらない企画書に長時間をかけていたり。これも自閉症スペクトラムの特性から来ることですが、現状把握が難しかったり、自分が立てた目標ややりたいと思ったことが、会社という所属集団の方針や目標からはピントはずれだったりしたことに気がついていなかったからなのです。

安和さんは「会社が営利活動をしているとは知らなかった」と話していましたね。

そう。それを知らないと会社の求めるような企画を出すことはできませんね。いくら本人が一生懸命でも会社からは評価されませんよね。その結果、解雇に至ってしまったりしていたようです。当時は、自分の置かれていた立場がよくわかっていなかったのですね。

現在の安和さんを見ていると、そういうことがあったのが信じられません。とても現実的に自分の立場をつかんでいて、仕事もきちんとこなしている立派な社会人に見えます。

企業の仕組み

それにしても、安和さんほど学力的には優秀な方でも、「会社は営利を上げなくてはいけない」ということを壁にぶちあたるまでわかっていなかったというのは驚きです。それを理解せずに会社で生き残っていくのは、かなり難しいですよね。

まったくそうですね。通常、子どもたちは小学生のときから、そうですね、だいたい小学校二年生から働く大人について学びます。そこから時間をかけていって、定型発達の子には、大体十歳すぎには大まかな社会の仕組みがわかっていくのです。

そういう社会の仕組みが、自閉症スペクトラムの方には自然にはわからないのですね。

ただ安和さんの場合はいろいろなことを本で学んだとおっしゃっています。先生がおっしゃるようにふつうは周囲の人間から自然に学ぶことを本で学ぶというのは特殊ではありますが、でも学べないよりはいいですよね。人より遅れても、学べないよりはずっといいと思います。

私も小さいころから本が好きで、本から学ぶほうですが、「企業が営利活動をしている」というのは、本から学んだわけではなく、でもかなり幼いころから知っていたような気がします。いったいどうして定型発達の人にはそれが自然にわかるんでしょうか？

そこが自閉脳と定型脳の決定的な発達の違いなのでしょうね。たとえばソーシャルストーリーズの講習会をしていると、支援者からも親御さんからも、ＡＳＤのお子さんの「一番になりたい気持ち」をもてあましているという話をよく聞きます。ＡＳＤのお子さんたちの中には、どうしても勝ちたいと強くこだわるお子さんがいます。それをどうにかしたい、と。そこで、じゃあ皆さんはどうして一番にならずに平気なのか、えんえんとディスカッションしたりします。誰だって一番になりたいという気持ちは少しは持っていると思います。それを「でもならなくていいや」と思えるようになるまで、なんらかのメカニズムが働いているはずなのです。ＡＳＤの人はそのメカニズムが自然には働かないのでしょう。同じように、定型発達の子どもたちがどこかで覚えてくる「企業は営利活動をするところ」ということも、自然には学べないメカニズムがあるのだと思います。

そうですね。私も、自閉圏の方の「お金儲けは悪いこと」という誤解にはよく直面しまして、その誤解のもとがどこにあるかひもといてみたこともあるんですが、実は学校だったりするんですね。学校では、とくに私たちの年代は先生方が思想を前面に押し出していた時代だったのでその傾向が強いのかもしれませんが、割合安易に「企業は悪者である」という感覚を埋め込まれているんですね。藤家さんもニキさんも、最初は仕事に対して報酬が発生すること自体に罪悪感を感じたりしていたのです。でも私たちは霞を食べて生きていけないし、悪いことをしていない会社のほうが世の中は多いんですが。

ニキ・リンコさんもいつもおっしゃっていますね。「子どもの頃は、大人は何でも知っている、大人は常に正しいと思っていた。だから、大人がよいと言えばそれは正しいものであり、大人が悪いといえば極悪人なのだと思い込んでしまった」と。知らない世界・新しい世界の価値観を吸収する時、自分で自然に学ぶ定型の子は情報を自分で取捨選択し他と比較したりしているけれども、自閉脳の子どもたちは自分では取捨選択も、学校で知る以外の価値観もあると想定できないから、最初に出会う道案内人である学校の先生の言うことを鵜呑みにしてしまうところがあります。そこにも、セントラル・コーヘレンスの問題が深くかかわっています。定型発達の子は企業によくない一面があるという情報を聞きつつも、そうでない面のことも考えることができます。

そうですよね。お父さんは企業に働きに行ってお金をもらって来るんだし。企業が儲けているからこそ、その子のご飯もお菓子もおもちゃも買えるわけですし。ていうか先生方のお給料の源である税金だって、みんなが儲けの一部を出しているわけだし。

そういう多面的・相対的な視点や考え方を持つことは、自閉圏の人には難しいことでしょうね。

安和さんが「僕たちのような人間には、そういうこと（企業は利益をあげなくてはいけない）は初めから教えておいてもらわないと」とおっしゃっていましたが、本当にそういう教育が必要だと思います。学校ができないのなら家庭がやればいいし、少なくとも学校は社会や会社を「なまはげ」（『自閉っ子、えっちらおっちら世を渡る』ニキ・リンコ著参照）にしないでほしいです。つまり、実際以上に悪いもの・恐ろしいものだとは教えないでほしいんです。

学歴に依存しない

あと安和さんに関して「そうだよなあ」と思ったのは、高学歴だけどそれに頼っていないところです。

なるほど。それは大切なことですよね。

「鼻にかけてない」とか、「謙虚だなあ。えらいなあ」といったような精神論の面でだけ感心しているわけではないんです。もっと実利的な面で、「あ、現実に気づいているんだな」、と。現代の状況では、高学歴はとりあえず意識の中で保留しておいたほうが、ご本人にとっても有利じゃないかと思うので。

「覚えられるから成績はいい」「でもそれと社会人としての力は別」と見極めていますよね。それは安和さんが最後におっしゃっていた「自分の限界を知る」ということと関係があるんでしょょうけど。

自分を知らなかった時の直情径行を垣間見た私にしてみれば、安和さんのその言葉にはいっそう重みを感じますね。あちこちぶつかり、一生懸命なのにクビになったりうつで入院したり依存症になったりという、物理的・経済的な代償に加えて、心理的にも計り知れないものと引き換えに学習してたどりついた境地だから。前著『自閉っ子、自立への道を探る』に登場していただいた成澤達哉さんも大卒でしたけれども、自分の専攻とは必ずしも関係のない職種を選ばれて、継続して就労されていますね。

そうですね。ただ、高機能の当事者ご本人が割り切っていても、親御さんがホワイトカラーの仕事に執着したり、というケースもあるようです。とくにいい大学を出ていたりすると。

でも今は時代が違うんですよ。親が若かった時代と違って、いい大学を出たからといっていい就職ができるとも限らないわけです。とくに「失われた十五年」の間は雇用崩壊が起こって、一流大学だって全員が就職できるとは限らないとか、院卒バブルが起きたりとか、そういうことがあったんですけれども、親のほうがそういう変化に気づかずに、就職できない子どもを（本人だってつらいだろうに）むやみに責めたり、「これだけ教育を受けた子どもを雇わない社会が悪い」みたいな論調で話を展開してしまったりする。そうすると学校で刷り込まれがちな（実はあまり根拠のない）「社会の不公平さ」を余計、本人は真に受けて社会をうらむ方向に走ってしまう。そういう例は結構見たような……。

それはありがちなことでしたね。本人にそのこだわりがある場合もあれば、保護者の方々に「大卒なんだからホワイトカラーでなければ！」とか「フルタイムでなければ働いているとは認めたくない」とか「うちの子はもっとできるはず」などという言葉を聞く事も多いですね。それが、本人にとっての選択肢や可能性を極端に狭めていることも事実だと思います。

仕事の状況は、社会の状況と密接にリンクしているわけです。だから就職するためにも、社会でやっていくためにも、社会を知らないといけないんですけど、安和さんは結構新聞を念入りに読む方のようです。定型発達の子のように周囲の人間からは学べなくても本からは学べたり、新聞をよく読んで世の中の動きを知ったり、システム・エンジニアのお仕事ができたり、そういう安和さんを見ていると、学歴はともかく学力は大事なのだなと思います。

本当に機能する学力が大事ですね。世の中で役立つ学力が。ＮＰＯ法人それいゆではフリースクールもやっていますが、そこの子どもたちにも、ゆっくりゆっくり、浪人しながらでもいいから、高校を出るように、そして行ける人は大学も行くように指導しています。しかも、大検じゃなく、通信制でもいいから高校に行くように、と。

大検より通信制を薦めるのはどうしてですか？

まず第一に、大検は短時間で（大体一日）たくさんの試験にパスしないといけないし、着替えて試験会場に行くなど、時間通りにすばやく行動しないといけないし、学力以外にも大検会場でサバイバルするのに必要な要素が結構多いんです。一方通信制は、自分のペースで学習を進めて自分のペースで卒業に必要な単位を取っていくことが可能ですし、スクーリングがありますね。どこかへ出かけていくという習慣を身につけることができますね。社会と出会い、社会の仕組みを学ぶ場がありますね。

ふだんフリースクールで養っている対人行動力を、週一回でも月二回でも応用する場があったほうが良いと考えているのです。スクーリングの日にうまく過ごすことができれば、少しずつ社会で行動する自信をつけていくこともできるでしょうし。もちろんスクーリングにも特別支援の配慮は必要だと考えていますが。今、通信の高校三年生に所属している生徒は、入学当初は高校側の理解もあって相当の支援を入れていましたが、現在では、かなり支援自体をフェイドアウトしています。ほとんど学校の先生だけの対応で学習も順調に進んでいるばかりでなく、対人行動や集団行動もかなりうまくいくようになってきています。まだ全日というわけにはいきませんが、いきなり社会に出るより、こうやって少しずつ適応を伸ばしていくという方法でも卒業後の選択肢を無理なく広げていくことができるのではないか、と実践を通して実感しているところです。もちろん、大検で合格して大学に挑戦するほうが良いケースもあるのでしょうから、そのことを否定しているわけではないのですけどね。通信制の高校のあり方を、社会への移行支援の一部として、その子のために活用する、という考え方です。

なるほど。

今の仕事と夢の仕事

あと、安和さんがソーシャルワーカー的な仕事をすることに、先生は反対の立場のようでしたが。

安和さんのような体験をした方が講演等を行ってくださるのは、とても皆さんのためになると思います。ただ、積極的に相談事業を受けたりするのにはある面で向かないと思います。これから後、変化する可能性はありますが。

それはやはりコミュニケーションスキルの問題ですか？

総合的なソーシャルコミュニケーションの弱点ですね。安和さんはもともと素直な人でしたが、今、さらに人として素晴らしい成長を遂げているということは賞賛に値すると私も思っています。浅見さんが感じられたように、とても好感が持てる人です。だからといってクライアントのためにＰＳＷ（サイコロジカル・ワーカー）の仕事が独立してできるとは私は考えていません。ＰＳＷには、クライアントの周辺の人たちとの連絡調整やコーディネート力も必要になります。クライアントと一対一だけならば、うまくいくことは絶対にあると思いますが、ＰＳＷの仕事はそれだけではすみません。トニー・アトウッド博士は、アスペルガーの人の中にはアスペルガーの後輩のためのカウンセラーになることが向いている人もいるが、その場合も、定型の人とチームで行うとクライアントの利益は保証される、と言っています。私もそれにまったく同感でして、安和さんも定型の人とのチームであれば、非常にうまく行くかもしれないと思います。このことは何回も、ご自身から助言を求められた時に一貫して私が伝えてきたことであります。しかし、それだけではありません。家庭とのバランスもあります。安和さんのような方はしばしば、他人の世話＝やりたいことにのめりこみすぎて、家庭のほうに負担をかけることがあります。これは自分の生活の優先順位づけや総体の捉え方の力と関係があり、この件については、後に出てくる雨野カエラさんの章でも同じことを述べています。

なるほど。でも安和さんは、少なくともお子さんたちの手がかかる間は、今のお仕事でしっかりやるつもりのようです。実入りの面も考えて。だからソーシャルワーカー的な仕事というのは、ある程度安定してからの目標というか、お子さんが育ってからというか、そういうものなのかもしれません。逆に言うときちんと生活というものを考えて、今は今のお仕事を選ばれているのだと思いました。

なるほど。感心するなぁ。そういうことのバランスの取り方がとても上達したと思います。自閉症スペクトラムの当事者として、社会で壁にぶち当たりながら、安和さんは困難を乗り越えてきた体験があります。これはとても貴重なものですので、相談事業という形ではなくても、講演のような形で話してもらえることも、後輩たちにはとても有益だと思いますよ。それにまた変化成長して、将来やりたいことの可能性が高まることだってあるでしょうし。

自分が努力する

あと先生のお話でちょっと私が驚いたのは、自閉症スペクトラムの人の中には努力が必要だといわれただけで自分が侮辱されたように感じる人も少なくないということでした。これは本当ですか？

本当です。何人もいますよ。

でも社会に出るためには、定型発達の人間にだって努力が必要なわけで、苦労がつきものですよね。

自閉症スペクトラムの人には、そういう他人が苦労している、努力しているという状況は見えにくいのですね。

そうなのですか。もちろん、障害がある分だけ、苦労の度合いや質は違うのかもしれませんが、「自分を変える必要がある」という点では自閉症スペクトラムの方も私たちも同じだと思いますが。社会人になるって、ある意味でプライドを粉々にされることです。社会人一年目って、定型発達の人にだってつらい時期です。だって何もかもわからないことだらけだし、たくさん叱られるし。

ＡＳＤの人には、他人の苦労が見えないし、見えたとしても、涼しげな顔でやっているように見えるのでしょうね。自分の見方と違う見方ができにくいし、自分が壁にぶち当たっている時ほど、他者の見地に立つのは誰にとっても難しいものですものね。特にＡＳＤの人の場合、苦労しているのは自分だけだと思ってしまいがちなのです。忠告を非難ととらえてしまいがちなのです。

そりゃあ、叱られることは面白いことではありません。とっさには私だって腹を立てますが、時間が経てば忠告の意味が腑に落ちたり、実はありがたかったと気づいたりするようになるという感じでしょうか。

定型発達の人には、時間がかかればなんとか可能なその種の精神活動が、なかなかできにくいのですね。

それでも、安和さんにはできましたよね。解雇やうつでの入院という目にも遭ったし、本から学んだりしたのは定型の人と違うかもしれませんが。

そうです。ＡＳＤでも、自分で努力することの必要性に気づいて、それが出来ている人もいるのですよ。いえ、それをしなくては社会人としてサバイバルすることはできないと言ってもいいかもしれません。障害を持とうが持つまいが、人が人として生きていくうえでは、努力するべきだということにおいてはすべての人に平等にハードルがあるんですよね。障害を持つ人には支援が必要だけど、だからといって、自分は何もしなくても許されるという免罪符ではないということなのです。

そのことを、身をもって示してくださるような方をもう一人くらいご紹介したいですね。

じゃあ一人、ご紹介しましょう。女性ですけど、大手メーカーに中卒後勤務して、もう二十七年も勤続している方がいるのですよ。

二十七年！ それはすごい。ぜひその方をご紹介ください！

◆トモコ先生から一言アドバイス◆

安和盛雄さん

本当にこの数年で、急激に成長なさいましたね。経験からも学び、膨大な読書量からも学び、支援サービスも上手に利用して多くのことを学び、人生の腰が据わりましたね。でも順調なときだからこそ、カンチガイには気をつけて！　カンチガイ思考は生涯ついてまわるものだし、調子がいいからこそ微妙にずれた方向に走ってしまう危険もあるのです。だからこれからも、ときどきモニターさせていただきますね。

でも、一度学んだ安和さんだから、今度カンチガイ思考に陥っても、きっと早く気づいて軌道修正することができるでしょう。他者からの助言に耳を貸すのがうまくできるようになっていることも助けになるでしょう。

応援してます！

とにかく、働き続ける

雲下雨音さん（大手メーカー社員）

職場でのカミングアウト

浅見 雲下さんは、同じ企業に二十七年もお勤めときいて、すごいなあと思って、今日お会いするのを楽しみにしていました。しかも、職場で障害をカミングアウトしていらっしゃるんですよね？

雲下 新しい職場に異動になってからは言っていません。こういう特性があるとは話してありますけれど、障害名は言っていません。言いたくないのではないんですが、まだ上司との信頼関係を築いている途中というところでしょうか。これまではだいたいいつも、いきなり話せたんですけど。前の上司にもすぐに話しました。

服巻 それは、前の上司は受け止めてくれる人だと判断したからですか？

上司になる前から知っている人だったからです。上司になったり、別の場所に異動したり。必ずしも信頼関係があったというわけではないですが、知っている人だから話せました。その結果がいいか悪いかは別として、受け止めることは受け止める人だと知っていたので。ただ、今の上司は初めての人なので、まず信頼関係を築くところから始めています。結構、わかりづらい感じの人なので。あまり目立ったアプローチみたいなのがない人なので、何を考えているかがよくわからないんです。何か言い出すにも、いつ切り出していいかわからないんです。それに異動してきたとき、あちらとこちらの考えが違って、いきなりはねつけられたみたいなこともあったんで。言いにくくなってしまったんですね。

はねつけられたって、どういうことがあったんですか?

たとえば、職場のスペースが狭いから、それを改善するために何かを動かそうと思って訊くと、いいよって言っていたのにやってみると「そんなの困る」と言われたり。そのままでやりなさいとか言われても、無理だから事前に訊いているのに。

無理っていうのは、障害があるから無理っていうことですか? (編注:雲下さんには足にも障害がある)

いえ、仕事がやりにくいということです。単純に、それだけのスペースが確保できていない、と。でもそこで「この中でやりなさい」と言うんです。

なるほど。そういうことすら聞き入れようとしない人だから、障害のことは言い出しにくいということですね。

自分の中ではいろいろな項目があるわけです。休憩場所が二階だから、いちいち行かなくていいようにそばにポットを置きたいとか、パーテーションを置きたいとか。ただパーテーションを置くと、自分はいいけど書類持ってくる人が大変そうだからその辺をどう言おうとか考えなくてはなりません。

交渉することはいろいろあるんですけど、それをイメージトレーニングしてどういうタイミングで言ったらいいかとかも考えるんですけど、あんまりたくさん言うことがあって、いきなり全部言って「なんやねん」と言われても困るし、どうしようかと思います。

でもいつかは言わなければいけないし、時間が経てば経つほど言いにくくなるし。自分もしんどいままだし。頃合を見て一つ一つ言わなければなあと考えています。今は毎週金曜日に、来週の出勤時間をメールで報告します。そのとき、今困っていることとか不安に思っていることとかを一緒に伝えるようにしています。

今、雲下さんのお話を聞いていて思ったのは、これだけ言葉が達者なアスペルガーの方もやはり「コミュニケーション障害」を抱えているのだということでした。言葉はぺらぺら出てきても、やはり自分が考えていることをどうやって相手に伝えようかと悩む度合いは、定型発達の人と違うのですね。

安和さんのところでも話題になった実行機能と対人コミュニケーションの問題は、どのASDの人にとっても共通の困難として表れてくるようですね。

大企業と中小企業の違い

私はね、ずっと出版業界でやってきました。出版業界というのは、世の中的に存在感はあるんですけど、実はたったの二兆円の産業で、基本的に中小企業の集まりなんですね。だからよく言えば自主独立、悪く言えばほうったらかしの面が強かったです。ていねいな研修はあまりなくて、勝手に育てよ、という感じのところが多いです。そういう職場でやってきた私が今お話を聞くと、私が独立する前にいた職場だったらパーテーション入れたかったら勝手に入れろよ、って言われただろうなあと思いました。大きな企業では、そうやってなんでも上司に指示を仰がなきゃいけないというのは普通なんでしょうか。

やはり購入となると、会社が費用を出すわけですから、上司に言わないといけません。

なるほど。たしかに購入の面では許可をとる必要がありますね。

上司に言って、上司がそのまた上司に言って許可が下りないと、購入できません。いくら自分がパーテーションが必要でも。

そうか。私が働いてきたような会社では、「そのまた上司」の数が少ないから手間が省けてたんですね。それに、会社が買ってくれないのなら自分でパーテーション買うかもしれません。そういう「会社らしい会社」の経験が私などはないんですね。だから今聞いていて「学校みたい」と思いました。私は学校より社会のほうが生き易いし、社会は学校より懐が深いと思っています。でも職場が学校みたいだったら……。

こまごまとしたものだったら自分で買ってきてもいいし、領収書をまわさずに自腹を切ってもいいでしょう。でも大きい棚とかそういうのはちゃんと申請して、理由付けもしなくてはなりません。だから、それは事前に下書きをしたりします。

なるほど。なんだかこっちが教わってますね、企業社会の掟。大きい会社にはいい面もたくさんあるけれど、大きい会社だから踏まなければいけない手順も多いですね。

だから、自分が混乱しないように下書きをするんです。五つ言いたいことがあるのに、三つしか言えないと困るから、今したいこと、困っていることとその理由を書いておくんです。言えないときにその紙を見られるように。それから「時間いいですか？」と切り出します。

それは今まで二十七年お勤めして、言葉に詰まった経験があるから学んだことですか？

詰まるというか、やはり自分が言いたいことが伝わらないし、言い方にも険があるようなんです。自分でもわかっているんですけど、自分はそのつもりじゃなくても、相手が聞いたら横柄に聞こえることがあるようです。「やってくれてあたりまえでしょう」みたいな言い方をどうやらしているようなんです。

以前雲下さんは私に、お母さんが「くれぐれも目上の人の言葉遣いには気をつけなさいよ」と言われたという話をしてくれましたよね。お母さんはそのあたりがわかっていたんですね。

でも母自身はめちゃくちゃなんですけど。

人のことはいいのよ（微笑）。今は雲下さん自身の話をしましょうね。

口の利き方

雲下さんの今までの経歴を書いた作文を読んでも、態度が「人類は皆兄弟」というか、誰に対しても同じように接しているから

そう、同じなんですよ。

切り替えが利かないっていうやつですね。

それが社会に出ると、上の人にも同じような口を利いて、生意気だと思われたかもしれませんね。

そうですね。だから事業部長とかにでもお友だちと同じような口を利いていました。

その場に適した態度が取れないわけですね。

たとえばうちの夫が仕事で知っている社長さんとかって、私にとっては仕事上のつながりはないでしょう？　だから、タメ口とまではいかないけど、ずばずば言ってしまうんですよ。そうするとだんなにしてみると、ちょっとおまえなあ、と。

あはは。

相手も私に対してはずばずば言っているのに、だんなが一人で焦っていたりすることもありました。それで「おまえ、失礼だろ」とか言うんですが、私にしてみたらあまり関係ないし、みたいな。あなたは関係あっても私には関係ないし、みたいな。第一外出先で出会ったりしたら、今は仕事の場じゃないし。

う～ん、そうか。そういう風に考えるのか。私自身べつに常識人なわけじゃないけど、そ

ういう風にはあまり考えないな……。

それが、雲下さんのアスペ思考の特性かな？　普通の人は、やはり影響されるんですよ。今は仕事の場じゃないし関係ないでしょう、とか言われたとしても、そこでやはりタメ口利かれたりすると仕事の場に持ち込んだりするんですよ。だから気をつけたほうがいいですよ。

たとえばだんなさんなんかは、オフの状態のときでも気を遣うじゃないですか。その姿を見ているのがめちゃくちゃ不快なんですよ。

どうして？　それは俺ルールなのでは？

そう、俺ルールなの。

オンとオフは違うじゃないか、って思ってしまうからです。だんなさんにしたってそのことはわかっていて、それでもオンのときに影響された態度をとっているわけですが、それがいたたまれないというか、許せないんです。

許せないことが多くて

さっきからお話聞いていると雲下さんは、「許せない系アスペ」の方なんでしょうか。

だからと言っていつも怒っているとか、暴力をふるっているというわけではないんですけど。

そりゃそうですよね。それはわかりますよ。

初めて何人かでお会いして、レストランでお食事したあと、私をホテルまで送ってくれましたよね。そのときの会話で、すごく印象に残っている言葉があるんです。

なんでしたっけ。

「普通の人ってジコチューですよね」っていう言葉です。

ああ。

自分は色々なことを、ハイパーりちぎ（©ニキ・リンコ『自閉っ子、こういう風にできてます！』より）にまじめに考えているんだと思います。オフとオンは違うとか。ものさしの置き方一つにこだわったりとか、職場の人は片づけろと言っているくせに片づけないとか。それで思い切って強く言うと、「あ、ごめんね！」ですまされてしまったり。なんであれで平気なんだろう、とか。

そういえば藤家さんも『自閉っ子、自立への道を探る』のインタビューのとき、友だちが「やせたい、やせたい」と言いながらバカバカ食べるのがワケがわからないと言っていましたね。自閉っ子律儀だからな。律儀だから憤ることも多いんでしょうね。

一人でね。心の中でね。でも昔は、その一つ一つが心のなかでカチンカチンと来て、「それはそうあってはいけないでしょう」と思って憤っていたんじゃないですか。

それを全部口に出していたんですか？

出していたみたいですよね。子どものときは。

出していたっていうより……。

よく引きつけを起こしていたみたいですよね。

起こしていました。今思うと、ストレスに耐えられなくなったとき起こしていたのだと思います。

それが引きつけだと本人が言ったわけではなくて、周りの大人が様子を見て、「これは引きつけだ」と判断したわけですよね。だからパニックのようなものだったかもしれないし、場面ヒステリーというか、「キ〜ッ！」となっていたのかもしれませんね。それはもう、すごいストレスだったと思いますよ。たとえば入学式だったらこうあるべきだとか、全部について「あるべき姿」があったでしょうし……。

入学式の記憶は全然ないんですよ。学校に行った記憶もないんです。

とにかく、私はこんなまじめにやっているのにどうしてみんなからいじめられるんだとかうるさいって言われるんだとか、ストレスがたまっていたんじゃないでしょうか。

そういうのは成人のアスペルガーの方にしばしば感じることですが、それがメンタルヘルスにどういう影響があったんですか？　雲下さんの場合。

ないんですよ。

ないんですよね。

だから、カウンセラーもわけがわからないと言うんです。

死んだほうがましかも、と思っていたけど

乗り切るために、小学校高学年のころにはもう、「雨音ばーちゃん」を演じるようになっていたんでしたよね？　以前見せていただいた記録に、そう書いてありましたね。ばーちゃんを演じないと乗り切れないから、とにかくニコニコしている自分を演出するようになったのでは。

そのほうが楽しいんです。とにかく悲しいことが多すぎるから。小学校三年くらいのときにもう、私は死んだほうがいいんじゃないかと思っていました。この世からいなくなったほうがいいのではないかと。

どうしてですか？

どうしてというか……。

結構お父様との関係というか、親との関係が大変だったでしょう？

そうそう。今、登校拒否の子とか、会社すぐに辞めてしまう人とかいるじゃないですか。ある意味、私はそういう人たちがうらやましいです。

なぜ？

私には選択肢がなかったから。学校に行けば登校拒否もできないし、行った振りしてばっ

くれることもできなくて。いくらイヤでも学校は行かなきゃいけないとか、そこにしか選択肢がなかったからです。学校に行かなくて家にこもっていると父親に「なんで学校行かないんだ！」と暴力ふるわれたり。行ったふりしてどこかで遊んでいても、学校から通報が行けば親に殴られます。半殺しの目に遭います。

そうやって激しいやり方ではあっても、学校に行かなければならないということだけは知るから、それをまじめに律儀に聞くんですよね。

学校でいじめられようが、とにかくそこには行かなければいけないと思っていました。

言葉が達者だと起きるトラブル

私がアスペルガーの人と接触してきた経験の中でいうと、雲下さんはアスペルガーの人の中では「今」に生きている人ですね。過去のことがつらくても蓄積されないほうですね。忘れるのが上手ですね。

忘れてはいないんですけどね。

忘れてはいないんだけど、他のアスペルガーの人よりは上手に封印していますね。そうやって生きている。生命力がありますよね。

というか、反面教師なんですよね。親があまりにひどすぎるから。うちのきょうだいみなそうなのかもしれませんが。

きょうだいがいてよかったですね。

でも、いても結束力が強いわけじゃなくて……。

それでも、自分だけじゃなかったでしょう。

でも、姉の機嫌ひとつで親から私が暴力をふるわれたりしていました。

なんで?

姉はお姫様だったので。父親は成人するまで姉には一度も手を上げたことがありませんでした。そのかわり、姉が少し不機嫌な顔をしていると私が叩かれました。わけがわかりませんでした。とにかく虫の居所が悪いと私が叩かれていたから。それで「なんで?」と思っていると、その態度を歯向かっているようにとられて……。

それは想像がつきますね。雲下さんは言葉が達者だから、それも親にとっては面白くない場面もあったかもしれないし、殴ったときの反応が、まだまだこたえていないように見えて、殴るほうの心理をますますかきたてることになったかもしれません。

いじめもそうですよね。

そうでしょう。いじめる側にしてみれば、まだまだやっていいんだと思ってしまったかもしれません。心の中では「なんで」と思っていても、外から見ると「まだまだこたえていないのか!」「まだまだやってもいいのか」と思えてしまうような反応をしていたのではないでしょうか。いじめに関する指導でよく言うのは「反応しなさい」ということなんです。反応しないで無視するというのは、いじめを増長させるんです。親子でもそうです。こちらはこたえているし、嫌だし負けないという反応をしない限り、暴力は止まりません。

なんで私がぶたれなきゃいけないの？　と思ってしまうんです。それに、たとえば珍しくきょうだい仲良くご飯を食べていたとしても、父親が突然「うるさい！」とか言い出すんです。そして食器が飛んできたりするんですけど、必ず私をめがけて飛んでくるんです。

それは雲下さんがターゲットだったからですよ。目立つし、叩いてもこたえないし。やっても罪悪感をかきたてないんですよ。逆に、雲下さんが「自分だけ叱られる」と強く思いこんでいて、ごきょうだいへの叱責に気づかなかった、ということもあり得ますが。

お父様も外でお仕事していたら、ストレスも感じていたこともあるかもしれませんね。家の中は団欒があっても、外で起きたことで悩んでいたり。

機嫌よくしていても三秒後にはキレたり、予測がつかなかったです。父親が亡くなったとき祖母に「どうしてあんな人間になったの？」と訊いてみたんですが、父の母ですらわからなかったようです。

フラッシュバックを起こさせたくはないんだけど……。

平気です。なんでも言ってください。わーっと泣くかもしれないけど、平気ですから。

泣くようなこと言ってしまったらごめんなさいね。あなたはもしかしたら、「かわいげ」

がなかったかもしれませんね。お父様が雲下さんをかわいく思わなかったというわけではなく、雲下さんがお父さんのご機嫌をとる子ではなかったのではないでしょうか。そして、自分がお父さんにとってキレる原因を作っていたかもしれないことに気づかなかったり。

どうなんでしょう。父親は結局、男の子がほしかったみたいですが。私が生まれるときも、男の子を期待していたんでしょう。それに私は足が悪くて、治療にお金がかかりましたからね。でも、私は誰のご機嫌もとりませんが。

普通の子は、自然と周りの人との交流を図るような態度をとるものですからね。家庭だけではなく、学校でもそういう態度があったのでしょう。そして、それは現在の家庭の中でもあるのではないですか。雲下さんは本当はかわいらしい女性なんだけど、相手が甘えてほしいときに甘えるスキルがなかったのではないでしょうか。

なぜ会社を辞めないのか

雲下さんは十五歳から働いて、はたちで結婚して、その間ご主人ともトラブルがあったこともあって、それでも堅い職場だから朝になると会社に行かなければなりませんよね？

そうです。今はある程度自分のことを理解しているけれども、昔は世間で言われたとおりのことを信じていたから、人間八時間は寝なきゃいけないとか、そういうプレッシャーを自分にかけたりもしていました。それで遅刻したり、朝起きられなかったりということもありました。だから最初、自分のことをＡＤＨＤじゃないかと思ったんですが。今はとりあえず、どうしても寝なくてはというような意識を取り払いました。自分のリズムがわかってくると、早く出勤するようになりました。始業時間は九時なんですが、私は八時から仕事したりしています。

終業は何時ですか？

五時半です。疲れるのであまり残業はしたくないので、その分早く出勤するようにしています。忙しくて必要のあるときにはもちろん残業しますが。

少し、訊いていいですか？　雲下さんは、いったんレールに乗ると、それ以外の選択肢は考えられなくなりますか？　ある意味で、会社に二十七年勤め続けているのも、そういうところがあるからですか？

というのもありますし、別に辞める理由がないじゃないですか。なんで辞めなきゃいけないかわかりませんし。

辞めるための理由は見つけられると思いますよ。

辞めたとしても、次の選択肢がないんですよ。

それが、「別の選択肢を考えられない」ということではないでしょうか。学校に行くときは、不登校になるという選択肢を考えられなかったし、会社に行くとなるとそれ以外の生活を想定できないかもしれない。ギアチェンジができないのではないでしょうか？

ギアチェンジしたら暴力ふるわれるし、結局おんなじじゃないですか。

ギアチェンジの方法次第なのですよ。雲下さんは今まで、学校にしても職場にしても結婚生活にしても、いったんロックオンされたら、別の選択肢を考えるときに不安のほうが大きくなるので、今のままを続けてきたのかもしれないですね。

そうですね、まあ。

数年前から雲下さんとおつきあいしているのですが、そういうところが雲下さんのアスペルガーが強く作用している部分のように見受けられます。白黒思考が強いというか。たしか雲下さん、足が悪かったのにバドミントンの部活をしていたんですよね？

そうです。本当はそんなことしちゃいけないんですけど、身体が弱かったから、親がやれと言うので。それでも部活の先輩にへいこらできないし、少人数だったらいいんですけどみんなでグループ作ったりできないので、辞めてくれとチームメートに言われて辞めました。そうしたらまた、親に殴られました。でも大きくなってから足のお医者さんに「そんなことしちゃだめだったのに」と言われて。

痛くなかったんですか？　運動して。

痛かったです。でも根性がないんだと思っていたから。親も「根性がない」って言ってたし。

みんなおんなじだな……。

そう。周りの人に「こうだ」と言われると客観的事実かどうか確かめる前に信じてしまうんですよね。ＡＳＤの人は。

同い年の子とうまくいかない

その、小学校三年生にして「死のう」と思ったっていうのは……。

そのころ、学校で毎日泣いていました。それで学級会で「今日はなんで泣いたか」なんて話し合いが行われたんですけれど、結局はなんだか私が悪いということになって。同年代の子と、話が合わなかったんです。父に大人の社交場とかに連れていかれたせいかもしれません。

いや、そのせいじゃないでしょう。年にしてはずいぶん理屈っぽかったのでは？

そうかもしれません。よく「シラける」とか言われていました。それで、じゃあいっそのこと「ばーちゃん」キャラでいこうかな、と思いました。

適応方法のひとつなんですね。極めればばーちゃん、みたいな。

はい。おもしろおかしくやろうと思ったんです。ボケとツッコミというか。三年のときから「死のう」と思ってたんですが、家族のためにも学校のためにも、私なんかいないほうがいいと思ったんですが、田んぼの道をつらつら歩きながら考えたんです。今私が死んだとしても、誰も悲しむ人いない、せいせいする人のほうが多い。じゃあ、死ぬ意味がない、無駄死にだ、と思って。

そんなことないでしょう。悲しむ人はいたはずですよ。

わかんないじゃないですか、そんなこと。ウソ泣きならできるかもしれないけど。家でも学校でも、誰に求められていたわけでもないから。でも、無駄死にするくらいなら生き続けなければと思ったんです。今は誰も私のことを理解してくれる人はいないけど、いつかそういう人が出てくるかもしれないし。いつかは、私の言っていたことを理解してくれる人が出てくるかもしれないし。今もその話すると泣いてしまうけど（涙）。

でもそれは、だんなさんじゃなかったんだ。

だんなさんじゃないかもしれないですね。

・ わはは！（しばし爆笑）

シンプルな生き方

ごめんなさい、笑ったりして。いや、ここで「理解者が現れた。それが今のだんなさん」みたいな感じでまとまっていくとわりとよくある「美しい」話だと思うんですが、そこが違うんですね。

違います。でも、みんながみんな敵じゃないでしょう。たくさんの人とつきあっていく中で、つらいこともいっぱいあるけど、わかってくれる人、助けてくれる人もたくさんでてきたのもたしかなんですよね。

なるほど。たとえば会社の方たちとかですか？

そうです。

それに自助活動の人とか。

それもそう。障害がわかる前から、言いたいことを言ってたんですが、それを受け止めてくれる人はいましたし。

小さいときから、思ったことをぽんぽん口に出して、そこで発信していたんですね。そしてその原点は、その小学三年生のときの田んぼ道なんですね。「ばーちゃん」として生きるぞ、という決心をしたときなんですね。

そうかもしれないです。

自分が生きている意味を「ばーちゃん」になって自分で確かめてやる、って決心したんですね。それを求めて生きてきたんですね。

「いつかきっとわかってくれる人が出てくる」って思ってたから生きてこられたから。そして本当に、今はある意味そういう人が増えてくれています。それが、診断を受けてよかったと思うことのひとつです。

そして、わかってもらうとうれしいですよね。あの人もこの人もわかってくれてる、って思い浮かべるのは心が軽くなりますよね。

じゃあ、どういう経緯でだんなさんと結婚したんですか？

マッチングです。宗教的な場でのマッチングです。職場の先輩にそういう場所につれていかれて、私、そうなると「はい、入信します」というほうなんで。そこで、結婚相手として夫をマッチングされました。

じゃあ、すごい大恋愛の末の結婚、というわけではないんですね。

はい。信仰の教えによると、夫婦のつながりは親子より濃いんですね。ですから紹介されたら、その人と一緒になることが自分の宿命だと受け入れました。たぶん片思いだったと思いますが実は他に好きな人もいたんですが、そちらからふっと心が離れて、でも夫の位置は動かなくて、結婚したという感じです。たんに好きとかキライとかではなくて、自分の宿命なのだと。この人と結婚してやっていくのが一つの修行なのだと。過去があるから今があるわけですから、それを繰り返さないために修行しなければなりません。その一つが結婚だという考え方です。だから、結婚生活でつらいことがあっても離婚もしないんですね。別れることは簡単だけど、それだと自分の宿命から逃げてしまうことになるから。逃げてしまうと、次に生まれ変わってもやはり親に暴力をふるわれてしまうかもしれないし。そして夫は夫で、私をヨメにしなければいけないのが宿命なのです。

信仰を媒体にしているのがちょっとレアな例ですけど、結果的にはそれは、自分を（自分の運命を）受け入れるっていうことになってますよね。

自分を理解して、自分を受け入れて、自分の人生に前向きになっていますよね。でもね、記録や日記を読ませていただいて感じることは、信仰心を持つ前、小学生のときから、雲下さんの個性はすごいと思いますよ。本当に前向きだし。生命力の強さというか。

本当ですね。強いですよね。

だから二次障害が出ないんです、つらい目に遭ってきても。カウンセラーにもよく不思議がられます。

いや、さほど不思議ではないですよ。つらい目に遭ったからといって、必ずしも精神を病むと決まったわけではないですから。雲下さんは小さいときからわりと、おませさんだったみたいです。周りを冷静に分析しています。そして、周りを見て「あっちが間違っている」と思ってきたんだから。

それは大きいですよね。

そして、自分は悪くない、周りが間違っていると思ってきたわけだから。周りが正しくて、自分が悪いのかなと思う人は自己否定に走るので、精神を病みがちになりますけどね。もちろん雲下さんも、ある意味で自己否定はしていますよね。だからこそ、一生懸命考えたんですから。でも、暴力は間違っている、いじめは間違っているということに早いうちから気づいたわけですよね。その面では周りが間違っている、と。

世の中の人って、大勢で来ると強いけど、一人ひとりだと弱いっていうことには早いうちから気づいていました。

それは雲下さんが、小さいうちから読書で得た知識ですね。小さいときから本を読んでいたと言っていたことがありましたものね。

そうですね。それはありますね。

読書によって小さなときから、正義とは何かとか、そういうことを学んでいったんですね。

本に助けられた部分はすごくあります。

よく、こんなに高度な資本主義社会になる前にはアスペルガーの人とかどうしていたんだろうという議論がありますよね。でもそのころって、みんなが自分の運命をそのまま受け入れていたんですよね。結婚にしたって、経済共同体を作るのが目的であって、好きとかキライとか関係なかったじゃないですか。結婚式の日に初めて会って、それで六十年とか連れ添ったりしていたでしょう。今話を聞いていて、雲下さんの生き方はそういうクラシックな感じがしました。

むしろ一番シンプルなパターンの生き方かもしれませんね。

反抗的じゃない、理屈が通ればわかる

バウム・テストをやった結果も、「枠がないと描けないのに、枠があるとはみ出す。反抗

的だ」といわれました。

バウム・テストに際しては、自閉症スペクトラムの人の場合実行機能の障害を考慮にいれなければなりませんからね。私は雲下さんは、全然反抗的な人だとは思いませんよ。むしろあるがままを受け入れているんではないでしょうか。ただ、「こうあるべき」といった正義論が強いので、外からは反抗的に見えたかもしれませんが。

でも正義論が強いから、セルフ・エスティームが下がらなかったんですね。周りが悪いと思っていたからね。でも、自分にも悪いところがあると受け入れることはできるんですよね。ただ……自分が悪いときでもその瞬間はそのことに気づきにくいかもしれないですね（ちょっと苦笑）。

なるほど！　気づきにくいけど、気づいたら受け入れることができるんだ。指摘されると素直に聞けるんですね。

はい。たとえば、私は中卒で十五歳で就職したんですが、同期には高卒の人もいるわけです。高卒の男子のことを皆「○○君」と呼ぶので、私も君づけで呼んでいたんですが、あるとき先輩に「同期とはいえ年上なのよ」と注意されて、それからさんづけで呼ぶようになったんです。そういう風に合理的に説明されると、受け入れられるんですよ。ただそのあと、君づけで呼んでいる人を見ると、注意したくて仕方がなくなったんですが。

その辺が自閉よね〜。

だんなは私のこと頑固だって言うんですけど、全然頑固じゃないと思うんですが。納得すると受け入れるし。

頑固じゃないけど、気がつきにくいんですよね。それと、理屈がわからないと納得もできないみたいですしね。一般の人が場の計算をするところでできないから。

今は、世間はこうだと思っていても自分はできないのもわかっているから、そのあたりが難しいですよね。表現が難しいんですが。

診断について

まあそんなこんなでやってきましたけど、診断がついたとき姉に言ったら「診断がついてもあんたはあんた」と言われました。「へえ、そう?」とか「ああ、やっぱり?」というか。

その診断について少しおききしたいんですが、最初自分でＡＤＨＤだと思ったっていうのはやはり、朝起きられなかったりしたからですか?

会社の仕事はできるのに、朝起きられないとか、掃除ができないとか。それで、本読んだりセミナー行ったりして。

やはりそのころは、アスペルガーにまつわる実行機能の障害があまり知られていなかったから、自分のことをＡＤＨＤだと思う人が多かったのですね。

そうです。それで診断受けに行って、ＡＤＨＤじゃないと言われたので、じゃあ、性格かなと思ったら、アスペルガーと言われました。

診断受けてほっとしましたか？

ほっとしたというか、足が悪い告知を受けたときの繰り返しのような感じでした。足が悪いのに運動していてつらかったとき、「よくがんばってきたね」と言われたのと同じような感じでした。そうですか、アスペルガーですか。じゃあ、私はこれからアスペルガーとして生きていきます、みたいな。

ばりばりにアスペルガーですよね。でもアスペルガーも本当に多種多様ですよね。これから研究が進んでいけばもっと細かくわかってくるかもしれないし。大きくわけると三つでしょう。受動型・孤立型・積極奇異型。そしてまた積極奇異を尊大型と恐縮型に分ける人がいます。

私が何型だかわからないけど。

積極奇異でしょう。積極奇異のアスペルガーの典型に近いでしょう。でも同じアスペルガーの仲間でも、雲下さんとしてはアスペルガーと認めたくない人もいると言っていましたね。

アスペルガー同士の関係は難しい

いますね。だってウソつきなアスペルガーっているんだもん。先生は気がついているかどうか知りませんが、言っていることが本心かわからない人もいる。

そういう人はどこにでもいるし、人がいつも本心で話しているかどうか誰にもわからないものじゃないかな。本心なんかわからなくたっていい場合もあるでしょう。

そうですね。人とつきあうのに本心を知る必要なんかないのでは。

どこか本から拾った言葉しかしゃべらないとか、一方的にしゃべることしかできないとか。

それはコミュニケーション能力の問題として、アスペによくあることですからね。その点から言えば「言葉を見つけられないから借りてきた」り、自分の本心を見つけられないから、つい思いつきで話すアスペの人もいます。でもそういう人も、意図的にウソをついているわけではないのですよ。それに、そういう人でも進歩はしますよ。以前よりは成長しますよ。それは私も知っていますよ。

同じアスペルガーでも、外で働くこともなく、社会的な接触をほとんど持たずに生きている人もいます。そういう人が、アスペルガー代表みたいな顔をして親の会などで講演なんかしていると腹立たしいです。

雲下さんは、「人は人、自分は自分」みたいな考え方はしないのですか?

そういう考え方をしたとしても、そういう人が講演等の活動をすると「それがすべて」と思われるのが腹が立ちます。

それは違うと思いますよ。私たちは、目の前の人の言っていることをそのままうのみにはしていないもの。アスペルガーはこうなんです、という話を聞いていて、ふんふんとうなずいて参考にしながら、他のタイプもいることはつねに想定しながら聞いているから。

そうです。一般人は百パーセントうのみにはしないんですよ。目前に提示されたことを思わず百パーセントうのみにするのはアスペルガーの人の特性ですよね。「全体像の把握が難しい」という特性からきていることなのですが。自分がそう思うから人もそうだと思いこんじゃうのです。

そうなんですよね。

だから腹立たしいのかな。

そうですね。自分の見ている自分と人から見ている自分が違うのも、アスペルガーの人の特徴ですね。

あと、一回一回話が変わったりする当事者がいるでしょう？　それがわからないんですよ。あなたの本当はなんなの？　みたいな。

それはね、そういうタイプのコミュニケーションの弱点を持っているアスペの人は、唐突に質問されたり、自分が言った言葉に対して突っ込まれたりしても、その突っ込みに返事をする、というスキルをまだ持たないからなのです。慌てて頭の中に浮かんだ言葉で返事しちゃったりすることがあるのですよ。

それは感じますね。あ、慌てて本当のこと言えていないな、とアスペルガーの人との会話の途中で思うことはあります。

 そのせいで、同じことを別の場面で聞かれたりしても、コンディションによって正しい返事ができることもあれば、「頭に浮かんだこと」を返事として採用してしまって、結果的に聞き手には一貫性なく聞こえてしまうことになるのです。ソーシャルコミュニケーションの弱点がもろに出てしまう場面なのですよ。だから、雲下さんが思っているように「ウソつき」なわけではないのです。

自分と異なるタイプのＡＳＤの人の特性を見て、「自分とは違う特性」だと同じＡＳＤだと思えない、という成人の当事者に私は結構たくさん出会いました。雲下さん以外にも。でもね、ＡＳＤは本当に多様な特性を示すのです。共通点はコミュニケーションと社会性と行動上の特異性にあるのですが、一見とても違って見えてしまう。その共通点を見出すのが専門家であるわけですが、説明がないと理解が難しい。これは、定型発達の人だけじゃなく、ＡＳＤの人たち自身にも難しい時があります。

自分の特性という基準に照らすと「あの人もこの人も、(自分のＡＳＤの特性と違うから)自閉じゃない!」って思ってしまうのです。アメリカのテンプル・グランディンという有名な自閉症の方が「一人の自閉症を知っているということは、一人しか自閉症の人を知らないということだ」と講演等でよくおっしゃるのです。これは、親や専門家への警鐘としてお話しされることですが、自閉症の人たちにもお話しされてます。一人の自閉症の特性がすべての自閉症にあてはまるわけじゃないということなのです。自分とは違う自閉症の人たちの特性を理解し受けとめていくことも、人生の多様な価値観を認めていくことにつながる成長と言えるからだと思います。

ああ、それはたしかにそうですね。

「自分の思っているのと違うから、これじゃ駄目だ！」という価値観は、「こうあるべき」なのに、そうならないから駄目だ！　と思い込みがちなＡＳＤの特性の一つともいえますね。自分についてとても厳しくて、自分の目標水準を高くして自分で首を絞めるようなことになってしまうＡＳＤの人もいますし、それを他者にも当てはめてしまう人もいます。すなわち、他者の人生のありようについても、事細かにジャッジしてしまうんですね。それは、子どもの頃には「告発魔」として友達の行状を先生に言いつけてしまう行動になっていますが、成人するともっと複雑なことで他者に対してあれこれと思ってしまう。思ったことを言わないで済めばそれでも大して問題にはならないのですが、言わずにいられない人の場合、対人関係のトラブルに発展することもありますね。そういう場合に限って、自分のことは棚に上げているケースも多いので、厄介なことになったりします。できれば、そのあたりの特性も、子どもの頃からの教育支援でコントロールできるように教えていってあげたいな〜と、よく思っています。

そういうわけで、いろいろ腹立たしいことが出てきてしまうのですね。

感情を処理する方法

雲下さんはそういう感情を処理するのに、実は一人で泣いていますよね。

それ以外できないから。それ以外の方法で処理できる人を見るとかえってうらやましいなと思います。私ってホント自閉だなと思います。

それに、なんでこんな気分なのに、なんでこんなちゃんとできちゃうんだろうと思うことも多いでしょうね。

そういう後でも、朝になると会社に行けるのですか？

行けます。もちろんストレスはいっぱいあるんですけど。未だにパーテーションもないし。こんなのやってられないとか言いながらも、八百枚とか入力作業をします。だからはたから見たらできてるだろうと思われるかもしれませんが、つらいんです。切ないんです。不満だらけなんです。でも一方で、できている自分はなんなんだろうと思ったりして。

でもだから、お勤めが続いているんですよね。

昼休みとかにネットとか見て笑っていると、周囲から「いつも楽しそうだね」とか言われて「へ？」と思ったりします。

感情の一つ一つがバラバラだし、感情と外見が違うんですよね。アメリカのノースカロライナにデイヴィッドという四十代のＡＳＤ当事者がいます。息子さんもＡＳで、親の会の理事もやっていたんです。そのデイヴィッドが常に訴えていたのが「ＡＳＤの人は表情による表現も難しい人が多いから、本人が表面と内面で感じていることには大きなギャップがあることを理解してほしい」ということでした。彼の運動により、米国の研究者や実践家たちの間でも、その点の理解は高まったという経緯があります。

老後は？

話はがらっと変わりますが、雲下さんは老後のことは考えていますか？　家も建てたし。

だんなが海外に移住するというから、私もそうなるでしょう。でも自分が死んだら日本に帰ってこいよと言われているので、そうなったら帰ってくるでしょう。

やっぱり「決まっている」ことを受け入れていくんですね。

それ以外の可能性を探らないというか。

ところで雲下さんはこだわりというか、趣味もたくさんありますね。お人形を集めたり、ガーデニングもしたり。

ファッションにもこったり、好きな色があったり、香港へ出かけていって好きなものをオーダーしたりもします。職場でも自分の周りをさりげなく癒しグッズで固めています。

そういうものにお金を割けるのは、就業してそれが続いているからなんですね。

子どもたちへのメッセージ

これから大人になるＡＳＤの子どもたちへのメッセージはありますか？

親御さんに対してのメッセージですが、本人が「いやだ」って言っているとき、どの程度いやなのか見分けをつけてほしいと思います。本当は興味があるのに、口で「怖い」とか「イヤだ」とか言ってしまうことがあります。そのことを知っておいてほしいです。その場を避けさせるのではなく、やっていけばイヤじゃなくなるかもしれないから。

それは専門的な表現で「オートマティック・ノー」と言われています。急に言われるから「イヤだ」と言ってしまっているだけで、情報処理のプロセスをきちんと経ればその気になっていたりすることも多いんです。それは私たちも親御さんに指導をしていることですね。

あと、自閉圏の人はただでも我慢しなければいけないことが多いんですが、社会に出るともっと我慢しなきゃいけないことがあります。理不尽なこともあるし。辞めたくなることもあります。でも、そこで辞めて次に行っても同じことだと思うんです。一つのところにとどまる努力も必要だと思います。学校だって大事だし、うちの親にも言われたように挨拶も大事です。あと道にものを捨てないとか、そういうことをきちんと教えてもらうことは大事です。

一つ訊いていいですか？　理不尽なことがあっても、その場でがんばろうと思うのが行き過ぎると、うつになってしまう人もいますよね？　それについてはどう思いますか？

別にできる必要はないんです。自分には何ができて何ができないのか、わかるようにならないといけないと思います。もちろん自分だけ昇進からはずされたりとか、そういうことはありますけど、昔は抱いていた見栄とか、そういうものはもう捨てました。でもつらい思いをしているときでも、助けてくれる人はいたりします。なぐさめてくれたり、心の支えになってくれたり。それに辞めても行く場はないし。

じゃあできなくてもかまわないということですね。

誰かに助けてもらうことを学ばなくてはいけないと思います。

なるほど。じゃあさっきのアドバイスは親御さんじゃなくて本人へのアドバイスですね。

一つ目のアドバイスが親御さん向けで、二つ目のアドバイスがご本人たち向けですね。

本当にできないことが、本当にやらなくてはいけないことなのか、そうじゃないことなのか、見極めることが必要だと思います。

客観的にその子にできると判断されることなら、がんばらせてもいいと思うんですよね。でもそれは条件をつけないとまた無用にがんばらせてしまう人もいるかもしれない。

社会性って？

たとえば人と接することが社会性じゃないと思うんです。同じ職場にいること自体が社会性だから。私だって会社に行ってもすべての人とぺらぺらしゃべっているわけじゃないし。

そう、私もそのあたりは、一部の親御さんと学校の先生方が誤解していると感じることがしばしばあります。たとえばニキさんと私はいいビジネスパートナーの関係を築いていますが、子どものときに同じクラスにいたら一緒には遊ばなかったと思うんですよ。好きな遊びも違うし。子どものとき一緒に遊べない人とでも、大人になってから一緒に仕事はできるんですよ。

学校ではもっとみんなと話をしなさい、かかわりなさいというプレッシャーをかけられすぎて、学校に行けなくなる面があります。そこにいるだけでいいと言ってもらえることはめったにない。

私の場合は、いていいかどうかはともかく、行かないと自分の命が危ないから学校に行っていましたが、もっときちんと勉強すれば上の学校に行けたかもしれないと考えることもあります。

でも雲下さんの場合には中卒だったからよかったのでは？　時代の流れもうまくサポートになっていたみたいなので。

私もそう感じます。

浅見さんと私が同じ面で感じているかどうかはわからないけれども。人生の大きな変更が少なくて済んでいますよね。十五の段階で成人期の生活に入って、それでずっとこられたから。

職場異動はありましたけどね。ただ足の障害も持っているために、製造現場に配置されることはなかったので、それはかえって自分にとってラッキーだったと思います。自閉の部分で苦手な音への過敏などがありますが、刺激の少ない部屋で仕事ができたから。

それに製造現場は海外移転が激しいですしね。

よほどの特殊技能を持たない限り、これからも職場異動はありますよ。とくに大きな企業は。職場異動は必ずあると思っていたほうがいいですね。

努力する姿を見せる

学歴をつけてから就職すると、どうしても売り上げや他人との交渉、戦略などが絡む仕事を要求されます。自閉症スペクトラムの方の中にはルーティン的な仕事が好きで得意な方も多いようですが、本人も親御さんもつけてしまった学歴に縛られてそういう職場に近づかない傾向もあるのではないでしょうか。

本当に今の仕事が自分は一番好きなんです。入力しているのが好きなんです。ただいろいろな異動があっての今なので、転職しているのと同じようなものなんです。上司には変わりたくないって言っているんですが。

でも本当の転職とは違うと思いますよ。転職は自分を売り込まなきゃいけないから。

自分の有能な部分を、相手に役立つという点でアピールしなきゃいけないからね。

それでアスペの人はそういうのが苦手なわけだから、いったん勤めたら辞めないほうがいいはずじゃないですか。でも周りの人は「いやなら辞めたら」とかアドバイスするでしょう。私は辞めてしまったら、今まで築いてきた人間関係とかを無駄にすると思います。

雲下さんのような大きい会社だと逃れようがあると思います。でも中小企業だと、社長の人格がそのまま法人になったような会社も多いんです。そうすると合わないと徹底的に合いません。逆にいったん理解されると大企業より生きやすい面もあると思いますが。同じ上司でも、伸びる人とつぶれる人がいるんです。

そう。雲下さんはそれでやってこられたかもしれないけれども、本当に煮詰まってしまった場合には、辞めたほうがいいこともありますよね。でも転職にもやはり支援が必要なんです。自分をセールスすることも下手だし。

二度目の結婚、三度目の結婚で幸せになる人だっているように、今の職場が合わなくたって次の職場が合う人はいます。

もちろん転職していい方に行く人もいるし、それはそれでいいと思います。でもとりあえず今苦しいから辞めるというのは賛成できません。うつになっていたとしても、その原因を探ればいいし。せっかく診断受けたのに、どんどん二次障害が増えていく例もあります。それで、周囲の無理解を嘆いたりします。そういうのを見ていると悲しいです。でも、周囲に理解してもらうためにはやはり自分がちゃんとしていないといけないです。努力は大事なんだけれども、努力の方向を見誤ってはいけないと思います。

そこは同感ですね。努力している姿を見せないとなかなか理解はしてもらえませんね。

だから今は確認するんです、上司に。「私ちゃんと仕事できていますか?」って。

あはは。

だってわからないじゃないですか、自分では。自分は一生懸命やっているつもりだけれども。それにときどきパソコンで自分のことしていたり、電話がかかってきたらしゃべったりしているから。

そうしたらなんて言われました?

本当かどうか知りませんけど「自分はやってくれていると思っている。だから多少のことは大目に見ている」と言われました。

その大目に見てもらっている「多少のこと」というのが気になるところではありますが、他に周囲にはどういう理解を求めていますか?

上司が全員に指示をするとき、その「全員」に自分が含まれているかどうか私にはわからないので、「あなたもよ」とはっきり言ってくれと伝えています。そういう意味での障害なので。

小さいお子さんの場合だと、体育の授業で誰に指示されているかわからずに指示に従えなかったりするようですね。

客観的にはわかりにくいんです、どこがどう障害なのか。とにかく努力の方向を間違ってはいけないと思います。できないことがあったとして、それが本当にできなくてはいけないことなのか、できなくてもいいことなのか、見極めが必要です。

それは客観的に判断しなければならない事柄ですね。ＡＳの人は自分では判断しにくいです。

となるとやはり、支援つきの就労が望ましいんでしょうね。

職場でどういうサポートを得ているか

それでは、具体的に現実的に職場でどういうサポートを頼んでいるか最後におききします。まず、これまで、「ＡＳＤの特性をもちながら、職場と折り合いをつけてやってきたこと」には、どんなことがありますか？

1　職場に特性を伝えて、改善してもらった点
2　自分の方が妥協した点

この両方について、「身体障害」の部分と「ＡＳＤの部分」のそれぞれについて、教えてください。

う〜ん、難しいですね。結局はこの二つを切り離せないので、ＡＳＤと診断される前は、足の障害をメインに結局はＡＳＤに対しても知らずに配慮してもらうと言うパターンが多かったんですね。

今はＡＳＤの特性を上司に説明して、音楽プレーヤー等をつけて仕事することを許可してもらったりしています。仕事に集中するために聴覚過敏に配慮して、です。

身体障害の部分については私服着用のままでの業務、車の乗り入れならびに駐車場の場所指定、それに休憩場所や食堂に行かずに済むように自分のデスクに湯沸しポットなどを常設したりしています。周囲の人がウロウロしないように、部屋の隅で人が出入りできないような場所に座らせてもらい、前はあまり人目に付かないようにしてもらっています。これは身体障害の面で、後ろに人通りがあるとぶつかる可能性があって危険なことと、ＡＳＤの面で、周囲の目が気になりストレスになり仕事に集中できないこと、両方があるので……。

それでは次に、職場での人付き合いについておききします。理解してくれた知人がいると言ってましたね。その人とはどうやって出会ったのですか？　そしてどのような経緯でその人が理解してくれるようになったのですか？

今は職場が離れてしまったのですが、初めて会ったころはお互いあまり良い印象ではありませんでした。私もまだＡＳＤの診断を受けていなかったころです。
いつから仲良くなったのかよくわかりませんが、ＡＳＤの診断がおりた時に、何かのきっかけでその話をすることになりました。たぶんその前に足の障害について話をしたかもしれません。そのときに少し理解をしてくれるようになったので、ＡＳＤの診断がおりた時に話をしたのかもしれません。

それから彼女は私が何かとわからないことがある度に助けてくれるようになりましたし、当時の上司などにもことあるごとに私の障害について色々話してくれていたようです。私ができないこと、わからないことに対してはサポートしてくれますし、反対に私が得意とすることがあれば色々聞いてくれたりして本当に感謝しています。今は職場が離れてしまいましたが、今でも仲良くしてくれるし、嬉しいです。

上司や同僚とはどうつきあっていますか？

基本的に職場に女性がいないのと、人数が少ないことなどがあって日常的に何か会話をすると言うこともないです。もちろんまったくないわけではなく、挨拶もしますし、日常会話などは時々しますし、仕事についての話もしますが、基本的に人と会話をしてする仕事ではないので、上司とも何かない限りは大抵メールでやり取りすることが多いのです。

問題が起きた場合などは、メールで時間を作ってもらったりして話をしたりしているという感じです。朝、自分の机に座るとトイレなど以外、部屋の外に出る事がないので、時々職場の人や外部社員の人たちに会うと皆さん「久しぶりね、元気にしてる？」など声をかけてくれます。もちろん会社には毎日来ているんですけどね。この人たちは足が悪いことは知っていると思いますが、ＡＳＤについては知らない人たちだと思います。

それでは雲下さんは、自分の仕事は、どの程度評価されていると思いますか？　そして、仕事として、指示があった部分については、十分こなせていると思っていますか？

一応、指示された仕事に対してはきちんとこなしているので、過去からの上司もある程度私のしていることに対し、理解してくれているのは事実です。ただしそれがどのように評価されているのかということはわかりません。一応平均的な評価をしていただいているようですが、私自身が責任能力を問われる仕事は自分にとって過度なストレスになることは理解しているので、今以上の評価や昇給を願っていません。今の好きな仕事（インプット業務）を続けていける事を常に会社の評価プランなどにも書いています。

　自分がＡＳＤとわかってからは特になるべくよく考えるようにしているし、嫌なことがあってもそれに逃げるんじゃなくて、自分に常に「死にそうになっても実際死ぬわけでもないし、どうせ死にたいとか思うならまず行動してみて本当に死ぬのかどうか確認してみよう、自分が想像してるよりも問題は簡単なのかもしれない」って言い聞かせています。もちろん障害に逃げ込みたいこともあることはあるんですが。

　誤解されたりする事も沢山あるし、理不尽な思いも沢山するけれど、だからといってそれだけではなくて、そんな私を助けてくれる人、理解しようとしてくれる人も少なからずいてくれると言うことが本当に大切なことだなって。そしてトモコ先生始め、助けてくれる人もいるし、同じＡＳＤの仲間もいるし、大変でも頑張らなくては、誰のためでもなくて全ては自分のためだから、と思っています。

雲下さんとお会いして

課題は変化への対応

いや、この方は生命力のある方ですね！

ええ、本当に。

最初、二十七年間働き続けてきた、というのを聞いたとき驚いたのには理由があります。私は雲下さんよりちょこっと年上ですが、同年代の女性が働き続けることの難しさを目の当たりにしてきたからです。だから「二十七年連続勤務！」と驚いてしまったんですが、お話を伺っていて「一度ハマると道をそれない」のもアスペルガーの特性が現れているのだとわかりました。

その特性がうまいぐあいに職場環境と合致した良い事例かもしれませんね。

あと、自閉症スペクトラムの方は割合「学校ルール」を大人になっても引きずってしまうことがありますね。大企業だとか役所だとかに事務的な仕事で就職すると、学校ルールを守っていてもそれほど違和感がないのかもしれないとも思いました。

たしかにそれは言えると思います。特に、公務員の場合は。けれども一方で、大企業や役所ならではの大変さもあるように思います。それは、どうしても異動などから逃れられないことです。そして自閉症スペクトラムの人は、こういう一般人には当然ともいえる「年度末年度初め」という、ある面、「毎年あるし、あって当然の変化」への対応が、いつになっても楽ではありません。

雲下さんについても、このインタビューのあと大きな変化がありました。会社がコンプライアンス強化に力を入れ、仕事上の機密保持がそれまで以上に厳しくなったのです。そうすると、社の建物内に持込が許可される私物とそうでないものの線引きが変更されたり、社内で使うツールも限定されます。必ずしも本人にとって使いやすいものではなくなる上に、目に見える変化というよりルール上の大きな変更と同じですから、「今までＯＫだったものがダメになった」という生活上の大きな変更をもたらすことになり、本人の適応状態にマイナスの影響を与えてしまいます。そこで障害特性を理由に交渉をしても、会社としては受け入れが難しい場合が多いです。会社全体の機密性を考えてのことですから。

そうですね。グローバル化した企業であればあるほど国際競争にさらされるわけですよね。顧客や株主確保のためにも国際標準でのコンプライアンス強化は無視できないでしょう。それが雲下さんの仕事の仕方にも影響してきたというわけですね。

企業の言い分を聞く

雲下さんは上司や会社の産業カウンセラーにも相談していたようですが、私から見ても会社の要求は企業として妥当なものでした。雲下さんが切り替えが苦手なことはわかっても、やはり会社の要求に譲らざるを得ない部分が大きいように思えました。けれどもそれを本人が納得するには、一筋縄ではいきませんでした。頭では会社の方針はわからないわけではないのだけれど、目の前の職場生活上の大きな変更に激しくパニックを起こしてしまったわけですから。そこで支援に入ったのです。

　雲下さんの言い分を聞けないという会社側に対し雲下さんは当初「アスペルガーに理解がない！」と言っていました。けれども腹を立てている雲下さんに私は、「あなたは今、理解がないことに怒っているのではない。それ以前に、変化に対してパニックを起こし、それを八つ当たりしているだけだ」と説いていきました。

ああ、すごくわかるなあ、それ。私もよく八つ当たりを後付けの正論に置き換えて怒ることあるから。そういうときに指摘されると、納得するだろうなあ。

そうですね。雲下さんも、やがてそれで納得しました。支援の一環として、状況を両者の立場から分析してひもといて説明しました。自分の今の感情をどのように放出するのが適切かを教え、

1　会社側の方針は個人を阻害するためではなく、むしろ社の企業価値を高めて、社員にもいずれは還元されることになること

2　この変化は社としては正しいこと

3　これまでようやく築き上げた職業生活のソフト面は一面的には一気に崩れるように見えるかもしれないけど、社は雲下さんを切るつもりでやっているのではないから、雲下さんもこれまでの築き上げたものを生かして新しい職業生活への適応状況を作っていく方法が見つかること

4　上司の方や産業カウンセラーはそのための理解はあること

などを説明したのです。時間はかかりましたが、落ち着いたらそのことが理解できるようになり、新しい職場での過ごし方、コーピングスキル、適応のための家具やツールの配置の工夫、休憩時間の過ごし方、などなど、具体的に一つずつ解決していったようです。そうやってまた、同じ会社で働き続けることができたというわけです。

よかったですね。それでまた、勤続年数が記録更新されたんですね。
でも先生の指摘は本当に適切だと思います。雲下さんにとっても適切だし、企業にとっても「こういう支援なら入ってもらいたい」って思う種類の支援なのではないでしょうか。一方的に当事者をかばうのではなく、企業の立場もわかって当事者を説得しているから。もちろん雲下さんにも長年の社会人の経験があって、それを受け入れるだけの素地があったわけですが。

障害特性への配慮を求めながらでも、企業の立場は理解しなくてはいけません。仕事をもらうわけですから。

それを当事者と支援者が理解していないと、企業は戸惑うでしょうね。その結果、聞く耳

を持たなくなるでしょう。その態度を見てまた「障害への理解がない！」という不満になる。こういう悪循環はもったいないです。企業だって当事者を理解する気持ちは持っていることが多いのに。

トモコ先生に支援者としてそれだけ幅があるのは、やはり民間ＮＰＯの立ち上げ・運営に携わった経験があるからだと思いますよ。

成人当事者の集まりは必要か？

雲下さんのたくましさにはいろいろ理由があると思いますが、出版に携わる者としてはやはり、読書体験をあげておきたいです。小さいころから読書を通じて、自分のいる環境を相対化していた。多くの未診断で成人になった当事者と話していて感じるのは、「世界の切り取り方」が違うゆえの苦労です。自分の環境がすべてだと思ってしまうからきついですよね。でも雲下さんの場合は読書が環境の相対化、自分の周りへのツッコミ精神につながっていて、これは精神衛生上とてもよかっただろうなと思います。

そうですね。ただそのツッコミ精神は、ときとして険がある言い方にとらえられてしまったり、「俺ルール」（©ニキ・リンコ）になってしまったり、ということもあるようです。「俺ルール」を周囲に押し付けてしまうようなことにもなりがちです。

「俺ルール」と社会で受け入れられる態度が偶然一致していれば問題は起きませんが、それがずれたときに問題が起きるんですね。だんな様の取引先の人に週末偶然会ったとき「ため口」になったり。でも雲下さんは、合理的に説明すると俺ルールの修正ができる方なんですね。時間はかかっても。ただ、同じアスペルガーの人について激しい口調で発言し始めたときにはちょっとびっくりしたな。

ああいうことは、当事者同士ではわりとよくあることです。ＡＳＤの人はいったん物事を理解把握してしまうとそれを自分の中で定義化してしまっていることがあります。たとえば、それが障害特性についてであった場合、同じようにＡＳＤを持つ人が自分の特性とは違っていたり、自分が定義化した「障害特性」からはみ出していたりすると、同じＡＳＤとしてそのＡＳＤの人の言動が許せなくなる、という状況に陥る人は多いですね。あるいは、すでにＡＳＤ診断を持ち、自分のＡＳＤ特性を十分理解していて、ＡＳＤとして社会で生きていくには「こうあるべきだ」と信念を持って適応を求めている人も、自分の俺ルールである「あるべき」状態とは異なるＡＳＤの人が許せないと思ってしまったり。同じＡＳＤなのだからお前も守れよ、みたいな。

　ＡＳＤの子どもたちが学校ルールや交通ルールを学び、それを守っていない人がいたら許せなくて思わず注意してしまう、という特性とまったく同じところがありますが、成人して自分なりの価値観を持つに至っている場合にはもっと事態は複雑です。

　ＡＳＤの人たちは、対定型発達に対しては違いを認めて欲しいと願うし、そもそも定型発達の人たちと自分たちは異なっていると認識しているから、むしろ理解しあう可能性も高いのですが、同じＡＳＤ同士だと、ＡＳＤの特性もとことん多様なのだということを受け容れるのが困難な場合が多いようです。ですので、私は、本人に障害特性を教える時には、異なる特性を持つＡＳＤの人たちもいるということも、例を挙げてていねいに教えるようにしています。

傍目八目、ってやつかもしれませんが、こっちから見るとお互いどうしても自閉っ子同士に見える人たちが「あれは偽者」とか「障害認定打消し合戦」をやっていることがけっこうよくあるような気がします。でも先生の切り返しはさすがに見事だった。自閉圏の人たちって、ある程度機能が高い人の場合かもしれませんが、合理的に説明するとわりとわかってくれるんですよね。

現れ方は違うけれども同じ障害特性に分類できるのだ、ということを具体的にていねいに説明すると、本当によく理解できる人たちですよね。理屈で理解すると本当に素直に受け容れたり感謝してくれたりしますので、むしろその、人としての純粋さにハッとさせられることがあります。定型発達だと感情が入りやすいから、こんなに素直にはなれないよなって。

そうそう。それが自閉っ子と付き合っていてやりやすいところです。とても仕事がしやすい。定型発達の人だったら「キツイ」とか言いそうなところで「教えてくださってありがとうございます！」みたいな言葉が出てきたりするんですよね。純粋に知りたかったことだと。

そうなんですよ。それと、もう一つ。今回も雲下さんが「あの人は偽者」みたいな発言をし始めたときには感情的になりかけましたよね。そんなときに支援者がすべきことは、むしろ理屈に徹して感情に引きずられないことです。こちらはとことん感情抜きで説明するというのも重要な支援テクニックの一つですね。

当事者同士の場合、お互い、対人関係を結ぶことや維持に問題を抱えているわけですし、そもそも好きなものについてのスウィートスポットは極端に狭い同士ですので、合わないとなったらとことん合わない。その上、関係の修復という人間関係スキルはかなり高等技術ですので、ますますどつぼにはまっていくようなことがよく見受けられるのです。単なる相性が合わないという場合でも、白黒思考が影響して、その合わなさ加減が想定外に極端な域にいってしまいます。合わない人の欠点をあげつらって責める発言が過激になる場合はまだマシかもしれません。嫌い、あるいは苦手な相手が来るとわかっただけで体調を崩す、とかいう人もいます。中には、人を嫌う自分がこれまた許せなくてパニックになるとかいう複雑な心理に陥る人もいます。定型発達と自閉脳は同じ銀河系の中の星と星の違いかもしれないけど、ＡＳＤ同士が嫌いあってしまったら銀河とアンドロメダ星雲ほどに距離ができ、どれほど距離があってもさらに電磁のマイナスとマイナスで撥ね付けあうかのように見えます。こう着状態になってしまった人たちを何組も知っていますし、その人たちの険悪な関係のために周りも振り回されてしまって、その集団全体がおかしな方向に行ったりうつを増殖したり、結局解消したりしたグループを多数見てきています。

成人当事者同士で自助グループを作るというのは、支援する側の定型脳の発想からは一見よいものに見えるかもしれませんが、その実、運営はかなり難しいばかりか、よほどＡＳＤの多様な特性と人間関係の発展の仕方に精通した定型脳のファシリテーターのような役割の人が関与して人間関係や思考の交通整理を常時していないと、とんでもないことになることがあるのです。もともと自力では集団での言動は得意ではない人たちですから。

たしかに。でも一方で、「成人同士の集まりがほしい」という声も当事者から聞かれますよね。けれどもまたその一方で「そんなものいらない」ときっぱりと言う当事者もいます。

当事者だけではなく、よく「成人の集まる場をつくろう」とかいう企画を自治体や各地の発達障害者支援センターから聞くことがありますが、その目的は自閉脳が求めるものとは異なっているし、どう運営してどう目的を達成するつもりなのか、苦手な集まりを計画しておいて、まったく具体的な方略を持っていないことがあるのに驚きます。そもそも、自閉脳を持った成人の人たちからの希望というより、たいていの場合「行き場を作って欲しい」という保護者や家族の希望だったり、あるいはなす術を持たない支援者の苦し紛れの発想だったりしているケースもあるようで心配です。

そうかも。

私のこれまでの成人支援の経験から言えることは、成人当事者たちは、情報は欲しいし教えて欲しいから相談に行くところは欲しい、また、自分と同じような特性を持っている人で似たような苦しい道を歩んできた人に会ってみたいけれど、だからといって、それからずっとその人たちと関係を持ち続けるということを望んでいるのではない。それができる人たちであっても対人関係の維持は一般人が想定できるようなものではないので、そういった場所に相談に行って一時的には嬉しく思っても、その場にい続けるというのは難しいのです。自助グループに参加して、一時的には気分が高揚したけれど、自助グループ内の混乱に巻き込まれたり、時間がたつにつれ孤独感が増して離れたという人のほうが多いですね。「集まる場所をつくれば何かが解決する」と思う一般人の発想では彼らのニーズに合わないので、こういった特性を把握した運営方針を立て、人を配置しないといけないと思いますね。私に言わせれば、誇り高いアスペルガーの人たちに、定型発達の発想で準備した方法論と目的のない集まりに「さぁ集まりましょう」と呼びかけるのは、押し付け支援ともいえ、むしろ失礼に感じてしまいます。

私は自閉症支援をウォッチしていて「心優しい知識のない人」がいちばん危ういような気がしてしまうんですよ。それは、定型脳で「こうしてもらったらうれしいかも」というこっちの文化を、なんの悪気もなく、というかむしろ好意に満ち満ちて、押し付けてしまうからなのかもしれませんね。私自身、自閉っ子と仕事をする身として、肝に銘じています。

限界は広がるのか？

ところで、雲下さんのたくましさは、生来のものも大きいんでしょうけど、社会生活を通じて培われてきたところも大きいですよね。腹が立つことも多いのに、また朝になったら涙をふいて会社に行く、ということの繰り返しから。自閉症スペクトラムの方の環境整備はもちろん大事ですが、少しずつ少しずつ限界を広げることも可能だということでしょうか？

もちろん、そうです。ＡＳＤの人たちも学習するし、伸びていくことができるので、今おっしゃっている「限界」を広げて可能性を高めていくことは可能です。れっきとした医学的診断のある人たちなのですからそのインペアメント（障害）のためにバリアフリーとしての環境整備を受けることは、彼らにとって当然の権利です。そして、そのインペアメントによって生じる社会的不利をおぎなうための支援や学習上のスペシャルニーズに合わせた特別支援の配慮・具体的手続きを受けることも当然の権利として発生します。その部分だけ見ると、あたかも「この人たちは今あるがままでよい」と受容されているかのようですが、一方で、彼らには「一人ひとりに合った特別な教育を受けることで、最大限の発達を遂げる権利と学習する権利」もあるのです。

自閉症を持つ研究者として高名なテンプル・グランディン博士がある講演でこう力説されていました。「この子どもたちは、一見何もできない、あるいは、かんしゃくによって拒否を示しているように見えるかもしれないが、学びたいのだ。正しく学び成長し、正しく生きていきたいと願っているのだ。親を含む支援者は、コミュニケーションや対人行動のマズさの陰に隠れている学びへの欲求を見逃さないで、辛抱強く、きちんと教えてあげて欲しい」と。

まさにその通りだと思います。ハンス・アスペルガー博士もその論文の中で、「この子どもたちは、真の理解と確かな技術を持つ指導者によってのみ、教育可能である」と述べています。自閉脳にわかりやすい教え方という特殊技能は不可欠ですが、むしろ偏った発達のなかの強み、たとえば視覚入力の強みや興味関心などをうまく活用することで、かならず良い方向への成長へと導くことができます。

その場合、俗にいうスパルタ教育やスポーツ根性物語のような、いわゆる「がんばれ、がんばれ」と責め立てるような方法、そして自閉脳にとっては明確で妥当な目的の見当たらない方法、忘れられない脳にとって後日フラッシュバックの原因となる可能性を高めてしまう「失敗を通して学ぶ」ような教育法は、避けなければなりません。

インペアメントへの配慮は当然のこと。でも努力するのは当然のこと。その努力は「スポ根」とは違う、というわけですね。ただ、私のような人間には、スポ根のようながんばりや「失敗を通して学ぶ」は有効でした。いまだに、そういう感じで物事に取り組むのが癖になっているし、それが自分にはプラスになっています。でもそれは、自閉文化とは違うのですね。

浅見さんがおっしゃった、「腹が立つことも多いのに、また朝になったら涙をふいて会社に行く」ことが雲下さんにできるのは、スパルタ的に鍛えられたからでもスポ根を発揮した結果でもありません。「仕事をして生活費を稼ぎ、糊口をしのぐ」という、ある意味、生活の本質的な目的を雲下さんは明確に持っていたから、主体的に挑んでいったのです。

就職したのが若年だったのも幸いしたかもしれません。「自分は未熟だ。教えてもらわなければわからない。教えてもらったとおりにやってみよう。練習しよう。努力しよう」という姿勢を持っていました。また、会社勤めは学校生活よりはずっとずっとルーティン（毎日同じような日課であること）の強い生活です。そのことも自閉脳の雲下さんの生活の基盤づくりに幸いしたでしょう。明白な目的と生活時間帯のルーティン、これらが雲下さんの学習と成長を後押ししたともいえると思います。このことは、他の自閉症の人たちで「限界」に到達したと思われている人たちにも当てはまるかもしれません。つまり、「こんな難しいこと、あの子にはできない」と親や教師が思い込んでしまっていることであっても、本人にとって明確でわかりやすい目的を持たせたり、ルーティンなどの基本的な自閉症支援の知識を投入したりして、角度を変えたアプローチをすることによってその限界を押し広げることが可能なのです。的確なアセスメントと適切な支援技術は、一人ひとり違うのですから、一つの方法で教えてダメだったからと、その子の学習の可能性をすぐに諦めてしまわないようにしたいですね。

いずれにせよ仕事は、まず生活のためにすることですからね。雲下さんはそれをわかっているから辞めないんだな。

就職も結婚も、一度つかんだら嫌なことがあっても辞めない。ある意味、とても伝統的な生き方ですよね。そして雲下さんや私の世代は、まだぎりぎりそういう伝統的な生き方が報われた世代なんだな。今の若い世代はそうはいかないでしょう。

たとえば？

雇用の変化ですね。その根っこには、十五年にわたった不景気と経済の国際化があって、企業としても生き残っていくのにある程度やむをえない部分がありますが。正規雇用の減少。グローバル展開している会社でも、偽装請負等の不法行為が指摘されるようになりました。立派な企業が不正行為をしてまで、労働力の流動性を確保しようとしているのです。また、単純な入力等の作業では正社員を雇わないという時代が長く続きました。たとえばトモコ先生の周囲で最近、雲下さんのように中卒で就職した方はいますか？　障害のある・なしにかかわらず。

最近は聞きませんね。ただ、今回浅見さんと私は雲下さんに、就職したてのころの研修の資料等も見せてもらいましたよね。あれはきめが細かいですね。

細かいですね。要するに十五歳の子をいきなり社会人にするわけですから、定型発達の子向けの研修でもかなりきめ細かく社会の常識を教えていましたね。

ああいう風に人を育てる余裕は今の企業になくなったんでしょうか。

そうですね。むしろ昔と違って、即戦力を求めるようになっていますよね。

昔の中卒の子を社会人にするみたいに、社会の仕組みを一から教えれば、自閉っ子も生き残る確率が高くなるかもしれません。でも、第三次産業の就業人口が増えたり、生産現場が人件費の安い海外に移転したり、経済は右肩上がりじゃないのに年功序列の尻尾が残っていて前の世代の既得権益を守らなきゃいけなかったり、そういうことが雇用情勢に影響していて、昔より「一から人を育てる」ことが企業の中ではしにくくなっているのではないでしょうか。被雇用者のほうだって、転職が平気になりましたし。一方で障害者自立支援法に関連して、行政からの障害者雇用促進のプレッシャーは各企業とも強く感じているようです。最近取材していて、企業のほうも「障害者を雇おう」という手立てをとろうとしているのを感じます。

今回雲下さんの件を受けて私は、さまざまなグローバル展開企業のホームページを見て、障害者雇用への姿勢を調べてみました。そうすると障害者枠をうたっていても大卒・院卒とか、バリアが高いんです。要するに生産現場の人件費では新興国に勝てないので、とにかく日本国内では頭脳派の調達という動きになっているんでしょうか。すでに日本は対外的に、物を売った黒字より、投資の黒字のほうが大きい国になっています。

そうなると、知的な障害のある人、あるいはいわゆる境界域の人の雇用は、今後どうなるでしょうか。安和さんのように学歴があってもそれに依存しない人もいる一方、大学も全入時代になって入りやすくなっています。だから「学歴はあっても役に立たないけど、ないと可能性が狭まる」とでもいうような、とても生き難い時代が来てしまったのかな、という気がします。

ただ、そういう状況を、行政もぽかんと見ているわけではなさそうです。特例子会社もどんどん増えている観があるし、障害者雇用率未達成の罰則対象となる会社規模を小さくしたり、さまざまな方策をとっていますね。

でもだからこそ、支援者にも民間の感覚を持ってほしいんです。先日ある障害者就労支援センターの方に取材したんですが、そのとき「センターでは新しく障害者雇用を進める会社を増やすための『営業』はしていますか?」ときいてみたんです。そこではやっているそうです。そこで「どういう人がそういう営業を担当していますか?」と訊いたら、民間企業の営業マンOBだそうです。適材適所だと思いました。天下り役人よりは、話を聞いてもらえそう。

おっしゃるように、生産ラインでの就職についてはアジア諸国への下請け等の方が断然人件費が安いことで、企業もそのラインでの障害者雇用は経営的に難しくなっているということはよく耳にします。また、現況では、障害を持たない人たちも二十代から壮年層までワーキングプア時代ですよね。パートタイムしか雇用がない場合が多いから、ワークシェアリングやパートタイムの推進をしているのだし、パートタイムにも保障を、という動きもあるわけですよね。障害者の就労支援の世界では、二十年も前はフルタイムで定職につくことが良しとされていましたが、現在ではパートタイムやあるいはその掛け持ちが推奨される時代になりました。浅見さんがおっしゃっている「支援者にも民間の感覚を持って欲しい」というのはこの点のことではないかと思うのですが。つまり、時代の世相や行政の情勢を把握し、企業側の論理も学ぶ姿勢があることではないかと。

今の日本はまちがいなく経費節減の競争では新興国には勝てないのですから。こういう情勢の下、ある特定の企業のどの部分のどこに、どのタイプの人がフィットインするのかを探る力量を持つことは、就労支援者に不可欠なセンスとなるのではないかと思います。支援者の素質とでもいいますか。

たとえば、定型人が一人でやり遂げる仕事を分析し、当事者の得意不得意を選り分け、一人分の仕事を三人くらいの障害を持つ人に振り分ける等のクリエイティブな作業をし、具体的にその企業にプレゼンができるほどになって欲しいですね。「この人とこの人は、この部署のこの仕事のラインにこのようにフィットし、御社のお役に立つことができますよ」等と。まるでパズルですが（笑）、このような柔軟な思考力と現状把握力、洞察力、そして、創造力ですね。もっといえば、職業教育を提供する養護学校の作業等でも、このような取り組みをしてもらいたいものです。

しかし、一方で、まだフルタイム神話が頑として残っています。それは大きな障壁となっていると思います。つまり、親も、そして、学校の教師の中にも、フルタイムでなければ就職自立とはいえないと思い込んでいる人たちが今も大勢いるのです。フルタイムの一般就労か福祉就労かという極端な白黒思考はもう止めないと。さまざまな形で就労は存在し得るということの認識が、これからの就労支援での重要な鍵になると思っています。浅見さんがおっしゃったように、経済がグローバルに大きく変化したこの状況下では、当事者に合った就労形態も変化したのだというこというを親や教師もしっかりと認識しなければ、当事者の成人生活のありようを具体的に考える時の妨げになり、オプション（選択肢）やチャンスを制限してしまうことにつながり、とても残念に思っています。

付け加えさせていただければ、学歴にとらわれないことや取得した資格だけで勝負しようと思わない柔軟性も忘れてはならないでしょう。安和さんや成澤さんはご自身の学歴や取得した学位や資格にぜんぜんとらわれずに自分に適した仕事や就業形態にたどり着き、いってみれば、お二人なりの穏やかなスローライフを築きつつあるとも言えるでしょう。それは、学歴や就業形態にこだわらないで、自分の特性や強みと弱みをうまく生かすことのできる場所をとことん求めた結果です。その結果、無理なく自分らしい生活を送ることができるようになったのです。とても小さな成功の積み重ねとたくさんの失敗や経験などの末でしたから、長い時間がかかったわけですけれど。

「かわいそう」だけでは始まらない

あと先生におききしたいのですが、先生は前著『自閉っ子、自立への道を探る』の中で成澤達哉さんに、職場でのカミングアウトをするなら第三者の助けを借りるようにアドバイスされていましたよね。

はい。本人が直接言うのではなく、発達障害者支援センターや就労支援センター等の、第三者としてのプロの手を借りたほうがいいと考えています。

職場で障害をカミングアウトする目的は？

職場の同僚に実情を説明して、理解を求め、具体的支援に協力してもらうことです。現実的な話ですが、人に「強制的に」理解と支援を強いることはできません。わかりやすい理解と安心が得られて初めて、人は協力しようという気持ちを喚起させられるものです。協力しようという気持ちになると、具体的な支援を積極的に提供するのはやぶさかではないのも人情です。そういう気持ちを喚起するように説明するには、説明する側がセオリー・オブ・マインドを機能させて、相手に十分な説明と安心を提供できなければなりません。言葉の選び方にも気をつける必要があります。つまり、コミュニケーションの障害を持つＡＳＤ当事者の一番苦手なところです。

たしかに。

また、当事者は職場で自分の直面する困難と具体的に必要な支援は何なのか、実は正確に把握できていないことも多いのです。それは、メタ認知の問題がもたらすものなのですが。伝える内容が十分整理されていない可能性があり、これが二つめの問題点といえます。さらに、相手に理解を求めるためにカミングアウトするのですから、受け手側の気持ちを考慮して実行しなければなりません。受け手側は説明を受けて仰天するかもしれません。人は知らないことに対しておびえることがありますから、相手に合わせてわかりやすい説明や質問や疑問を解決できるようなサポートをしながら説明しなかったら、むしろおびえさせてしまう可能性をもはらんでいます。また、責められているように感じて不快な思いをする人もいます。そのようなタイプの人には、責めているのではないということが言語的にも非言語的にも雰囲気でも十分伝わらないと、不安を喚起してしまうのです。この場合の当事者には本人だけではなく親も含まれます。親は第三者とは見なされません。

二者関係だと、直截的過ぎます。もちろん、当事者の方が十分に準備し、受け手側の過去の経験などからくる生き方や価値観が自閉症理解とうまくマッチした場合には、当事者が自分で直接話してもうまくいく場合だってあります。でも大多数の場合には、第三者に入っていただいて受け手側の心理的サポートも提供しつつ、架け橋として両者の中立な立場で話していただく方が、目的を達成する場合が断然多いのです。

あのときは私はピンとこなかったんですが、最近いくつかの事例を通して「やはりプロの手を借りたほうがいいんだ」とわかってくるようになりました。

どういうことからわかりましたか？

今先生のおっしゃったことを、まさに感じたんですね。一つは、いくら言葉が巧みな当事者でもコミュニケーション障害を抱えていて、言い方がうまくない、ということですね。ニキ・リンコさんが『俺ルール！』の中で「編集力の障害」という言葉で表現していましたが、たくさんある情報のうちどれを伝えれば自分の言いたいことが伝わるのか選ぶのが上手じゃない。人に自分への支援を求める際にも、どの情報を伝えればいいのかがつかみにくいようですね。その結果本当はジコチューではない人でも、なんでもかんでも自分の苦しいことと要求を並べてジコチューにとらえられてしまう言い方をしてしまったり。そうすると会社側は当然それを聞き入れない。どうして聞き入れないかというと、たくさん言われて何に困っているのかよくわからないからです。具体的にどうしてあげればいいのかよくわからないからです。でもその態度を見て、当事者は理解がないと憤る……という悪循環が起きている例を見るからです。「あああ、もうちょっと言い方変えればいいのに」とはたで見ていて思ったりするので。その点は雲下さんも苦労されていますね。

雲下さんのように、「発達障害」の概念がない時代に生まれてきた人は、あちこちぶつかりながらそれを学んできたんですね。痛い思いをしながら学べた人もいれば、潰れてしまった人もいます。誰もが安和さんや雲下さんのように生き残れるわけじゃないから、これからはやはり、早期発見、早期療育、特別支援教育、そして成人期の多角的なサポートと、生涯を通じて何らかのサポートが活用できる制度を整えていくことによって、もっと多くの人たちが生きる権利をまっとうできるのではないかと思います。

先生は茂木健一郎さんとの対談の中でも「理解者を増やすのが一番難しい」という発言をされていました（『プロフェッショナル　仕事の流儀　あえて困難な道を行け』ＮＨＫ出版）。そして理解者を増やすために、二つの方法を挙げていますね。

1　その子を伸ばすこと
2　中間の立場にある支援者が話をし、啓発していくこと

適応がうまく行く状況というのは、端的にいえば、両者が歩み寄って生じるバランスの取れた状態のことです。ですので、どちらか一方だけがどうにかすることではありません。先に力

ミングアウトのところでお話した説明して理解を求める第三者、これは支援者でよいのですが、その人たちが啓発のためにいろんな人に話したりメディアを使ったりすることを続けていく必要があります。この本も、その一つの形態といえるでしょう。そして、そこでは、当事者自身がいのちを煌《きらめ》かせている様子、傍目には見えないかもしれないけれど、本人自身が伸びようとしている様子をきちんと伝えていくことが重要な鍵となります。その意味では、本人がまず置かれた不利な状況を受け入れ精一杯がんばっていること、その上、成長や向上の努力をしようとしていること等をていねいに伝えていくことが大切です。何か違うところがあっても、誰もが同じ人間だということがきちんと伝わるように。

そのためには、支援者の仕事はただ「かわいそう」というだけじゃないわけですね。

理解は強制できない。共感によって生まれる

その通りです。人というのは共感の生き物なのです。自分ではどうしようもない不利な状況に置かれた障害を持つ人が、その人生を受け入れ、その上向上しようとがんばっているという姿を知って心動かされない人はかなり少ないと思われます。支援者だって支援しつつも、一人の人間としてその姿に感動と共感を持つものです。私だってそうです。そして、自分のその感動を主体的に自分の言葉で人に伝えていく、すると、それを聞いた人は、発達障害のことは何も知ら

なくても、その感動に共感し、共感が共感を呼んで広がっていくものだと思っています。

そして、誰かが「よし、何かできることはしたい」と思ってくれた時に「こういうやり方がありますよ」と具体的な方略を提供するのがプロの支援者が本領発揮する瞬間です。その具体的方略がシンプルで分かりやすければ分かりやすいほど、一般の人はより取り組みやすいでしょうね。

他の多くの支援者の人たちと同じく私も長年にわたって地域の人たちにいろんな協力を頂いてきました。あるうどん屋さんでは、毎週、私が担任した子がうどんを食べに行っていました。その子は無言語で知的障害も重かったので、手順書は絵でしたし、コミュニケーションカードを使って買い物をすることを教えていて、うどん屋さんにも協力してもらっていました。小学六年のときからそのうどん屋さんでうどんを食べるという課題を開始して、高等部卒業まで毎週食べに行っていました。その子が卒業して別の地域に行ってから数年後、私が個人的にそのうどん屋さんに食べに行った時、うどん屋さんの女将さんから「あの子どうしていますか？　あの子が来なくなって寂しいです。あの子が毎週食べに来てくれていた時、私たちでも何か社会に役に立っているという思いをさせてもらってました。とても感謝してました。また誰か必要な子がいればいつでも協力しますよ」と、話しかけてくださったことがあってとても感動したんです。

制度はとても重要で欠かせない最低限必要なものですが、それが機能するかどうかは、そこで実行する人にかかっている。やはり人は人によって生かされるものだと心底思いましたね。理解は強制できるものではない、共感によって生まれるものだと改めて学んだ出来事でした。一般人にとっては共感が共感を呼ぶことが重要なのです。企業側の協力を引き出すためにも担当者の共感は重要なポイントです。そこでは人である当事者が成長しようとする意志と意欲があることが肝心なところです。そういう意味で、この場合、中間に立つカミングアウトを手伝う支援者はリエゾン（架け橋）となる働きをしなければなりません。つまり、両者に心を砕く、ということです。アドボケーター（権利擁護者）ではなくリエゾンです。権利擁護は必要なことですがカミングアウトとは趣を異にする側面があります。権利擁護活動はともすると企業側を追い詰めることがありますので、支援者は当事者の権利を守るためだからこそ、カミングアウトにおいては共感をつなぐリエゾンとなることが求められます。支援者も当事者も、この点を十分わきまえておく必要があるでしょう。

　雲下さんも「険があると言われる」等、過去の経験から学んだのでしょう。そして受け入れてくれそうかどうか、相手を見たりもしていますよね。

 そういうさじ加減ができない当事者の方もいるように思うんです。それだけの社会経験を積んだから、そこまでできるようになったということですか？

 雲下さんの経験値はずいぶん高いのです。その中から学んだものが多いというか。早いうちから社会人となって企業の中で働いてきたから当然といえば当然です。若くして就職したからこそ、素直でもあり、また歯を食いしばって自分の弱点と向き合う強さもあったのかもしれませんね。今では専門家でも数時間の面談では雲下さんのことをＡＳＤだとよくわからないこともあ

るのではないかと思うほど、雲下さんは社会生活上必要な社交スキルは獲得してきていますね。「さじ加減」とかも。しかしそれは、本当に血のにじむような努力の賜物なのです。

就労の条件

さて、これまで二人の方にインタビューしてきましたが、お二人とも苦労して身体で覚えてきたタイプですね。その道のりは大変だったけれども、ある意味お二人は恵まれていたところもあるように思えます。

浅見さんから見て、どのようなところが恵まれていましたか？

一つは、お二人とも新卒のときに就職したということです。日本の場合、新卒のときにとりあえず正社員になるかならないかで大きくその後の可能性が違ってきてしまうのが現実だと思うんです。その現実はもちろんなんとかしなくてはなりませんが、一方でこのようにルールがはっきり見えている以上、それに乗ってしまうと後がぐっと楽になると思いますけどね。ただそうじゃないケースも多いでしょう？　中退後就職していないとか。

不登校から引きこもり、中退からニートとか、そういうケースは、本当に多いです。新卒で正社員か……。厳しい現実ですね。

もう一つは「仕事は食い扶持を稼ぐことである」ということを、早くから知ることのできる環境にいたからです。なんだかんだ日本は豊かな社会になって、しかも身内が大人になっても独立できない子に面倒をみることに抵抗がない社会ですよね。引きこもり生活に入る人の多くが、「仕事は食い扶持を稼ぐことである」とわかりにくい社会になっていますね。

親や家族がプロテクトしすぎなのかもしれませんね。もちろん、学校で経済観念として教えるべきことが教えられていないということもあるのかもしれませんが。子どもの頃は親の期待が高く、不登校になった時にその期待を押し付けてしまって、引きこもりを家族が加速するという状況が多い一方、完全に引きこもりになってしまった場合には、親もこれまでの子育て、期待の持ち方や接し方が悪かったのではないかという罪悪感もあって、ますます手を出せなくなっているケースも多いです。現在では引きこもりやニートの年齢層が四十代にまで広がって高齢化しているというニュースがありましたね。

現実には、自閉症スペクトラムの方の中にも、引きこもり経験者はたくさんいますよね。支援につながっている人もいない人もいる。もしかしたらこの本の読者の中にも、困っている方がいるかもしれません。そういう人はお心あたりありませんか?

いますよ。高校中退後、引きこもりというか、おうちにいたんですけれども、その後社会に出た人が。ただそのあと傷つくことも多く、支援を受けながら仕事をしようと努力してきた人が。

その方は北海道にいらっしゃいます。浅見さん、北海道に飛びましょう!

◆トモコ先生から一言アドバイス◆

雲下雨音さん

外見や言葉とは正反対の、ガラスのように傷つきやすい心を持つ雲下さん。持って生まれた生命力の強さもあるけれど、痛い思いを重ねて学んできましたね。流した涙の数だけ強くなって、自分を信じる心、人の助言を受け入れる純粋さを守ってきたのかもしれませんね。

これからの課題は、実は自分が思っている以上の多くの人にサポートされていることに気づくこと。そして今以上に感謝の気持ちが相手にわかるように表現するよう努めること。そうすればますます陰になり日向になってくれるサポーターが増えて、もっともっと生き易くなるでしょう。自分が生まれてきた意味に得心する日は必ず来ます。

応援してます！

北の大地で、大事なものたちと出会う

雨野カエラさん

一生懸命やっているのに、なぜうまくいかない？

服巻  雨野さん、今回はインタビューを受けていただきどうもありがとうございます。今日は、自閉症スペクトラムの診断を受けたときのことと、仕事と生活、就労支援を受けたときのことを訊きたいと思います。

この話題について話していくと、雨野さんが格好良く見えるところとそうは見えないところがあると思いますが、皆さんの参考になるためにも、できれば両方を率直に出してほしいんです。

それにしても、お久しぶりです。緊張していますか？

最初はまず、診断のきっかけについて話を聞かせてください。

雨野  僕は、障害者のための乗馬グループの代表をやっていました。障害のある子どもたちとはうまくいったんですが、手伝ってくれるボランティアの人とはうまく行きませんでした。牧場を引っ越したんですが、その先の人と事務の人ともうまくいかなくて、うつになってきました。自分のトラブルの原因は自閉症やＡＤＨＤ、統合失調症かもしれないと思いました。（生活上の）パートナー（後出）が発達障害の本をたくさん持っていたので、自分もそうかなと思ったのです。そして地元の専門家の先生の講演に行ったら、診てくれると言われました。

 それでどんな診断が出ましたか？

アスペルガー症候群です。

うまくいかなかった、というのは、どこがどんなふうにうまくいかなかったのでしょう？

自分ではよくわからないんです。そのころは、馬の世話をしていたし、それだけでは生活できないので親からも仕送りをしてもらっていて……。

じゃあ、具体的にはどういうトラブルがありましたか？

苦情がたくさんきたんです。お金が高いとか。あまり馬に乗れないとか。一生懸命やっているのにどうして文句言われるかわからなかったんです。

あるとき、ボランティアの人がつらいからやめたいと言ってきました。つらいならかわいそうだと思って、やめたいならやめて下さい、と言ったら、すごく怒りました。あとから周りの人に訊いたら、やめないでと言って欲しかったらしくて。

苦情を言われたことに対してどう対応しましたか？　料金が高いとか……。馬に乗れないなどと文句が出たのは何故だったのでしょう？

お金に関しては、必要な額の半分ももらっていませんでした。馬に乗れないと言われたのは、馬の調子を見ながら危なくならないようにやっていたからです。

相手の訊きたいことに必要な解答・説明が足りなかったのかもしれないですね。

……わかりません。

たとえば、馬に乗れないという件だと、障害児の親御さんはご自分のお子さんのことを考えて言っていたのではなかったでしょうか。乗馬に来ているのに乗れないのでは子どもはがっかりしたかもしれないですし、「障害児乗馬利用者募集」の宣伝をしているから応募したのに乗れない日ばかりでは失望したかもしれない。でも、たとえば、これくらい乗れば効き目はあるんだとか、今日は馬の調子が悪いので安全面を考慮して延期させてください等と説明すれば相手も納得できたのではないでしょうか。雨野さんには、相手の意図や相手に必要な情報は何なのか理解し把握するのが難しいという特性がありますものね。

それと、もう一つ訊きたいことがあります。どうしてパートナーの方は発達障害の本をたくさんもっていたのでしょう？

自分が片づけられない人だから。その頃、ちょうど『片づけられない女たち』が出ていたから。

パートナーの人ご本人が、ですか？

ええ、本人はＡＤＨＤだという自覚があったそうです。

診断について

雨野さんご自身は、専門家の先生から診断を下されたとき、どう思いましたか？

先生には最初、診断結果を聞きたくないと言いました。でもその後、やはり聞きたくなりました。聞いたのは三年くらい前でしたが、帰り道うれしかったです。

どうしてうれしかったの？　どの点で？

えーと。……………………………たとえば、どんな答えをすればいいんでしょう？

過去の自分の行動とか感じ方とか出来事とかについて、腑に落ちることがあったとか……。思い当たるところがあって、納得ができたとか……。

えーと、そうですね。その当時はあれもこれも当てはまると思っていたと思うんだけれど、今はそうは思わないです。

そのときはどの部分でうれしいと感じたんですか？

いろいろうまくいかなかったことが、自分の努力不足でないとわかったからです。

なるほど。それまで対人関係などでトラブルがあったんですものね。ボランティアの人や障害児の親御さん、牧場主の人はどういう人だったんですか？　馬や子どもたちとはうまくいっていたんですよね。

浅見　たとえばトモコ先生は雨野さんにとってどういう人なんでしょう？

そうですね……トモコ先生は、僕にとって、「大人」、とか、ですね。

立場とか役割とかに即して見ているのかな、人を。それ以外の見方はないのかな？

自閉っ子の人の見方としてしばしば感じますね。立場とか役割＝その人という見方は。たとえばニキさんは、私が人間だと後になって気づいたというし。

子どもの頃のこと

同年代の人とうまく行かないということ関して、これまでもヒストリーがありましたか？

小学生のときからそうでした。

子どものときには子ども相手にうまくいかなかったんでしょう。そして大人になって馬のセラピーをやったとき、子どもとはうまくいったんですよね。どこが違うのでしょう？

そうですね。健常の子どもとそうでない子どもの違いかもしれません。

子どもの頃にうまくつきあえた子どもはいましたか？

そうですね。保護者的な人ですね。

なるほど。

診断を受けたときうれしいと思ったのに、最近あまり思わないのはどうしてですか？　そのあたり詳しく聞かせてもらえますか？

診断直後は、自分がアスペルガーだということにアイデンティティを求めました。今は人からそれだけで見られたら、抵抗があります。

それは自分の診断を否定するということですか？

否定はしません。でも百パーセントではないから。

それは百パーセントは自閉でないということですか？　それともトラブルの原因がすべて自閉ではないということですか？

両方です。

どうしてそう思うようになったんですか？　他の自閉っ子に会ってからですか？

グループセラピーに行っているんですが、そこで話をして、そういう話になりました。

どういう話になったんですか？　自閉の特性を百パーセント持っているわけではないということですか？　アスペルガーと決めつけられるのが嫌だと言うことなのでしょうか？

……………………………。

………………………………………………。

……………………………………………………………。その話をした人は、マイナスの方向にアスペルガーをとらえていたのが、最近ちょっとプラスのほうにとらえるようになってきたようです。自分が百パーセントアスペルガーだとはとらえていません。

その人の考えは、あなたに影響を与えたんですね。

百パーセントアスペルガーでも構わないとは思っていたんだけれど……………………

…………………………………………………………………………。

……………………………………………………………………………………………

……
…………………………………………。うーんと。自分の考えがすべてではないと思ったというか
……。

仕事につくまでのこと

でも、アスペルガーかどうかは、知識があっても自分では正確にはわからないものですからね。客観的に判断されるものだということは知っていたほうがいいですよ。専門家から説明されたときには、受け入れたほうがよいのでは。これは私の感想にすぎないですけれど。
　それでは、話を少し変えましょう。私が雨野さんと出会ったのは二〇〇四年一月ごろですが、そのころ、ホースセラピー（馬とのふれあいや乗馬によるセラピー）をしていましたよね。それを生業にしていこうと考えていたんですよね。そもそも、どうして馬だったんでしょうか。馬との出会いについて教えてください。

高校をやめてから家にいて、家でできる仕事を何かしたいと思って……。小説家になれないかとか、漫画家になれないかなとか……そんなことを考えていました。それで、急にバイクで日本一周をしようと思ったんですよね。親には一週間ほど旅に出ると言ったんです。本当は一週間で帰る気持ちはなかったけれど。それで、北海道にまず行きました。親戚もいたし、泊めても

らえるだろうと思ったし……。

そのとき関西に住んでいましたよね。北海道までどれくらいかかりました？

時間がかかるとお金がかかるから、五日くらいで北海道に着きました。

すごいですね。北海道で最初にやったことはなんですか？

もともとは北海道にいたので、観光しようとは思いませんでした。とりあえず、一周しようと思いました。あちこちで温泉に入りながら。だいたい一周して、南に行こうと思ったけれど、バイクで走るには寒い季節になっていました。それで、春までアルバイトでもしようかなと思いつきました。

九州育ちの私には事情がよくつかめないんですけど、一般には北海道の人は冬に出稼ぎに行くのでは？　冬にどんなアルバイトがあったんですか？

そのときに馬の仕事をはじめたんです。

馬との出会い

なるほど。それはどういう出会いだったんですか？

その頃はバブルの後期で競走馬関係の求人が多かったんです。

最初に馬の世話をしたのですか？

前に馬との出会いを話してくれたことがあったでしょう？　それを話してもらえますか？

ＪＲＡのＣＭを見たんです。札幌で仕事を探していたら、高倉健の出てくるコマーシャルがあって……。馬を世話する人に、「今日からおまえがこいつのお母さんだ」って言うんです。

小さい頃から動物は好きで、いつかムツゴロウ先生のところに行こうと思っていました。運が良ければ動物園の仕事もやってみたいと思っていました。

それで行ってみたんですね。今日からおまえのお母さんになるという気持ちで。

繁殖させて調教もするという牧場でした。出産にも立ち会いました。

なんだか夢があるように聞こえますが、慣れない作業だったのではないですか？

放牧して、掃除して、調教して、牧場の中の整理をして、柵を直したりして、夕方に馬をつれてきて、手入れをして、それから今度夜八時くらいにもう一回えさをやります。それで一日が終わります。

朝は何時から働きましたか？

そこは六時くらいからでした。

十四時間労働ですよね。疲れませんでしたか？

余計なことがなかったからよかったです。

ルーティンワークだったからかもしれませんね。

はい。そのとおりです。

休みをもらうときはうれしかったですか？

休みには必ず出かけていました。でも他の人が休むときは、ほとんど一人でやらなければいけませんでした。

調教とか柵の修理だとか、今までやったことのない仕事だったのではないですか？

大工仕事は好きでした、調教はできなくても仕方がないという目で見られていましたから。

できなくてもとりあえずオーケーだったんですか？

上司は熱い人で厳しかったです。何かあると朝まで酒を飲みながら説教をしました。

ありがたいと思いましたか？

そうですね。

馬についてはどうですか？　その後、馬との出会いをきっかけに発展的に変わっていったではないですか。馬の何がきっかけを作ったんでしょう？

うーんと、馬はあんましうそをついたり、人間のようなことはあまりしないから……。

ぴったり合ったんですね。馬とウマが合ったんですね。それで好きになったというワケなのね。それで、そこにはどれくらいいましたか？

仕事は好きでも人間関係がうまくいかない

最初は春までと言っていたんだけれど、中途半端では駄目だ、一年やれと言われました。一年やったら、また寒い季節になっていたのでまた半年やりました。その頃には、牧場の人たちとうまくやれなくなっていました。最初はよかったんですが……。向こうからは、最近反抗的だと言われました。

どうして反抗的だと思われたんでしょう。

うーんと……。何か、できなそうな仕事があって、やってみるかと言われたのにできませんと言ったのが気に入られなかったのではないかと思います。

仕事ができないうちはできるかできないかもわからなかったけれど、わかるようになってきて、正直に返事しただけだったのでしょうに。

熱い人は、できなくても「頑張ります」と一言いってほしいんですよね……。私もどっちかと言うと熱い人なのでわかります。でも自閉っ子はその一言が言えないんですよね、律儀だから。

牧場長さんとうまくいかなくなった。直接のきっかけはありますか?

いろいろ重なって、でー、跡継ぎになれるわけでもないし……、で、やめました。

障害者乗馬を始める

それから自営でホースセラピーをやるようになるまで、幾つか牧場に行ったと話してくれたことがありましたね。

やめてしばらくは札幌の親戚のところにいたんですけれど、自分の手から馬のにおいがするんですよね。それで、またどこかに馬を見に行きたいと思ったら、札幌の近くに乗馬クラブがあって、そこでたまたま募集があったんです。乗馬馬だったら、競走馬とは少し違うかなと思って、馬の仕事はやめようと思っていたんですけれど、それで二週間のあと、また馬の仕事をはじめたんです。

二週間休んで、また牧場ですよね。そこでホースセラピーに出会ったんですか?

乗馬クラブに二年勤めてそのあとまた競走馬の牧場に移りました。そのうち、乗馬の勉強をきちんとしたいと思って、牧場の仕事を何日か休んで、イギリスに行きました。そこで、初心者に教える乗馬をやりたいと言ったら、障害者乗馬があると言われたんです。それと前後して読んでいた本で、ヴィッキー・ハーンの『人が動物たちと話すには?』という本があって、自閉症の人に向けたドッグセラピーについて書いてありまして。犬でできるなら馬でもできるのではないかと思って。そのほか、イギリスの本にも障害者乗馬について書かれていました。競走馬は少ししかつきあえない。馬と長くつきあえるのは何かなと考えて、乗馬、その中でも障害者乗馬がいいのではないかと考えました。現地に行って勉強しようと、イギリスにファックスして、アメリカにメールを出しました。そのころインターネットが普及しだしたころで、アメリカからはすぐに返事がきました。ほんとは半年かかるコースだけれど、六週間でいいコースがあるから来ないかと言われ、アメリカに行きました。

行動力がありますね。それにお金もかかるでしょう。アメリカのどこですか？

アメリカのコネチカットで…………。

その頃は自分で働いていたから、自分のお金を出したんですね。

…………

勉強に行って、これはやれると確信が持てたのですね？　つかぬことを伺いますが、言葉の問題はなかった？

コネチカットに行く直前にバンクーバーの英語学校に少し行って、聞くのだけは何とかなりました。しゃべるのは駄目でしたが。

じゃあ、聞くのはできるようになって、インストラクターのコースを受けて、これは日本でもやれる、と思いましたか？

そうですね。日本でこうきちんとやっているところがほとんどなかったので、アメリカのやり方を持ち込んだらうまくいくのではないかと思いました。

うまくいかないのではないかとは思いませんでしたか？

あまり思いませんでした。

いいんですよ……。それで帰ってきて……。修了書はもらったんですか？

それが六週間いられなかったんです。カナダに入国するとき、アメリカに入国してからカナダに入ったので、ビザの期限が切れてしまって。

旅行者として入ってしまったんですね。お勉強するためのビザをとらずに。

いろいろ手を尽くして、役所や大使館にお願いしたんでけれどダメでした。

ふつうは六週間のコースをとった時点でビザを気にするのでは？　学校側も気にするのがふつうでは……。

通常はそうですね。目標を定めて、後と先を考えて、最も効率よく目標に到達するように動くし、その後の有効活用についても目算を立ててから、行動を起こすでしょうね。その目算には修了証のようなものも計算に入れているでしょう。雨野さんの場合は、一気に突っ走ってしまったんですね。勉強したいと思ったらいても立ってもいられずに。そして、形ではなく、中身に、希望を持って帰ってきたんですね。

修了はできなかったけれど、そうです。

それで札幌に戻ったんですか？

とりあえず関西の実家に戻りました。そうしたら北海道でそういう施設があって、人を探していて……

それでまた北海道に行ったんですね？　そこがその後の基盤になったところですか？

いいえ。

そこにはどれくらいいたんですか？

一年間ぐらいいいました。

障害者乗馬の手応えはどうでしたか？

そこは指導者の指導をするところだったんです。直接の上司にあまり気に入られなくて……。何かうまくいかなかったから、やめました。

その気に入ってくれなかった上司の上にはまた上司がいたんですか？

いました。上の上の人とはうまくいったんですけれど。

自閉っ子がそういうパターンになりそうなのよくわかります。経営者に近い人たちは、接した感じとかは、さほど気にしないんですね。気にするのは「費用対効果」でしょう。払った給料分の仕事をしているかどうかが最大の関心事です。でも直接指導する人たちは、なんだか話がかみ合わないとか、なんだかノリがわからないとか空気読まないとか、そういうところから人間関係がほつれてくるんでしょうね。

その次のところはでしたか？

うまくいかないし、他人に雇われてもうまくいかないんだろうと思って、自分でやろうと思い立ちました。

自分で開業する

でも自分でホースセラピーを開業するとなると、場所とか馬とかどうしたんですか？　牧場主さんにお願いに行ったんですか？

ええ。

そういうところ（好きなことに関して）、行動力ありますよね。

そこで自営のようにしてはじめたんですよね。

ええ。

そのとき企業でいえば定款とか、事業としてやっていく上でのルールブックのようなものを決めましたか？

人を集めるときには、そういうものを決めました。

お客を集めるときにはね。職員向けには作りましたか？

僕以外はボランティアだったから……。

ボランティアの人はどういうふうに集めたんですか？

情報誌とか使って集めました。

またまた行動力ありますね。

ボランティアの条件はどういうふうにしましたか？

馬が初心者でもいいし、ボランティアの経験がなくてもいいということにしました。

クライアント（利用者）にはどういう条件を提案しましたか？

オープン時間は何時から何時までで、余裕があったら、馬に乗ることもできます、ということにしました。

そこから最初の話に戻るんですね。

まず最初は旅行で北海道にきて、寒くなって旅行できなくなったから働こうとか、偶然の要素が多いですよね。そしていろいろなところに勤めたりして、ホースセラピーを自営で始めるまで、いろいろありましたよね、アメリカに行ったりもしましたよね。

雨野さんにとって働くというのはどういうことですか？　今のことでも、将来のことでもいいんですが。

馬の仕事の前はアルバイトもしたことがありませんでした。

働く＝馬、ですか？

そうですね。好きなことです。

好きなことをして、それが生業になることが、理想なのかしら？

前はそう思っていたけれど、今はあまりうまく行かないなと思っています。

そういうことをしているときに、私と知り合ったんですよね。こういうブログを書いている、というメールをくれましたよね。。ホースセラピーとか、保護者とうまくいかないとか、うまくいかないので診断を受けて、診断をもらって……、そういうメールをもらったんですよね。診断があるということは対人コミュニケーションがうまくいかないので、仲介してくれる人を探したほうが良いのではないかと判断したのですよ。私は九州在住で離れているので、それで（就労支援の）Ａさんを紹介したのでした。

苦情にも律儀に取り組むんでしょうね。苦情のうち合理性があるもの、耳を傾けたほうがいいものと、無視してよいものを区別しにくいでしょうね。自閉症スペクトラムの特性があると。経営のうえでは大事な区別なんですが。

律儀であるがゆえに、相手の本当の言葉の意図も読み取れないし。

実はあのときはまだブログは持っていなかったんです。あのときやっていたのはホースセラピーのホームページです。ブログをもっているとトモコ先生がいったので、トモコ先生を嘘つきにしてはいけないと思って、ブログをあわてて作りました。

あ、すみません。あの当時の私は、ホームページとブログの違いがまったくわかってなかったので。日記みたいなものは同じだと思ってしまってて、用語を混乱して使ってました。混乱させちゃいましたね。

あははは！　ブログといわれたから、直ちにブログ作ったなんて、そのへんもさすがに律儀ですね。
ところで、働く＝馬っていうメカニズムはわかりますよ。私にとっての本と同じだから。あまり他の分野は考えられないのではないでしょうか。

それでAさんを紹介してとりあえず必要な相談やコーディネートに入っていただくことになったんですよね。私は遠くにいて、地元のことは何もわからないから。Aさんと出会ってからのことを話してくださる？

支援者登場

え～と……。どう運営していけばいいのか相談したり、ボランティアとの間に立ってもらったり……、厩舎の移転先を探してもらったり……。

それで無償で土地を借りられるようになったんですね？

A　いいえ、有償です

Aさんにいろいろしていただいたのはあとから聞きました。それは雨野さんにとって都合がよかったですか？　今日はAさんに立ち会っていただいていますけれど、はっきり言って良いですよ。

大変助かりました。

移転することによって費用の削減があったということでしたよね。

A　移転する原因は、前の牧場主が熱い方で……。

また熱い人か。

A　「いつから障害者乗馬をやるんだ」という感じで、プレッシャーをかける感じでしたね。住んでいた家も地主さんのところのものだったので、細かいことに口を出すようになった。最後には、地主さんが戸を叩く音だけで駄目になってしまったようでした。

いつから障害者乗馬を始めるんだと言われたと言うけれど、始めていたんでしょう？

A　始めていたんですけどね。しっかりとしたものもあったんですが。でもそこでまた地主さんとトラブルがあって。そのとき、雨野さんの精神状態は最悪だったのでは。

Aさんによくやっていただいたということですよね。

本当に。すごいな北海道の就労支援。北海道の方らしい親身の支援ですね。

A　柵の部品を移動させたり、馬運車を使って……。それを借りたり、

いろいろやっていただいたんですね。よかったですね。

引っ越したあと、見にきてと連絡もらったので、札幌まで、私、見にきたんですよね。パドックがよく整備されていて。厩舎がまだ補修されていていてといっていたけれど、私はよくわからなくて。柵に電気が通っているということも教えてもらって。専門的な知識を持っていない私にも、とてもよく整備されているとわかりました。雨野さんは、馬の世話などは、本当によくおできに

なるのよね。馬の気持ちがほとんどわかるというか。馬も安定していました。

好きなことで食べていける?

話聞いていて思ったんですが、要するに人に雇われずに馬で食べていけたら、何の問題もないんですよね。

A　そうです。

そこが問題なんですよね。馬で食べていけなかったんですよね。そこからの話をしてくださいますか?

診断があってしばらくしてから、あるとき「これからは牧場の賃料に七万円もらう」と言われて、引っ越さざるを得なくなりました。その頃からうつになって体が動かなくなって、引っ越してからも営業を再開できる体調にはなりませんでした。僕はボランティアグループの代表を引退して別の人に任せたんだけれど、運営に明るい人でなかったので、うーん、運営面での進展がない。任せたはいいけれど、安心して任せられない。それ以来、活動再開という感じにはなっていません。

七万円って、牧場の借り賃がですか? それで済むんですか? 安くても五十万くらいかかるのかと思ってた。

最初は無償で貸しますと言っていたのが、ある日から月に七万円を請求されました。家賃はまた別です。

今は馬の経費はどうしていますか？　えさ代は？

馬は、毎日放牧しています。えさ代は、僕のかわりに代表をしている人がどうにかしてくれています。えさ代は月に一万五千円くらいです。

Ａ　牧場代は今、月一万円です。

それじゃあ、いくら稼いだら馬で食べられますか？　十五万くらい？　三十万円くらい？

Ａ　三十万円あれば御の字でしょう。年金もあるし

それだけ稼げたら人生はずっと簡単なんですよね。人に雇われないですむし。じゃあそれだけ稼ぐのを目標にして事業計画を立てたらどうでしょう。

三十万稼ぐには、一日一万五千とか二万とか稼がなければなりませんね。

ホースセラピーの単価はどのくらいですか？

ホースセラピーって、一回五千円くらいでしたっけ？

乗馬クラブで一回五千円くらい、障害者でも無料から高くて一回五千円くらい、でも、それぐらい出せる方はそれほど多くありません。

近くの人だけお客にしていたら、それだけの料金を出せる客層はじゅうぶん分厚くないかもしれません。でも遠くからもお客を呼ぶように宣伝してみたらどうでしょう。関東から沖縄に、

グループでイルカセラピーに行った方々もいましたよ。雨野さんが運営をきちんとできて、ホースセラピーに効果があることがわかるのなら、全国からお客さんを募集すればいいじゃないですか。そうしたら暮らしていくくらいは稼げる可能性も出てくるかもしれませんよ。

ホースセラピーはイギリスでは授業にも取り入れているし、療育の主流にならなくても、素晴らしいオプションであることは間違いないですからね。もっと広く知られるようになればよいのにね。

たとえば自助団体や親の会の方たちが一回二十人くらいきてくだされば、ずいぶん助かりますよね。

A　そういう話もしてみたんですけどね。

まだホースセラピーが認知されていないからではないでしょうか。

北海道の人にとっては北海道に馬に乗りに行くことなんて憧れではないでしょう。でもよその土地の人にとっては道内の人が思ってもみないほど魅力的かもしれませんよ。

糊口をしのぐというのが問題だったんですよね。うつで体調が悪くて、収入につながらなかったので、Aさんが就労支援の枠組みに乗せようとしたんですよね。

A　今二頭いる馬のうちの一頭が体調不良で、けっこうしんどそうなんです。それで、このまま続けるか、乗馬を趣味にして別の仕事を探すかという話になって。だとすると生活にいくらかかるかという計算をして……。まだはっきりしていないんですけれど、放牧と放牧の間に、図書館で半日働ける仕事をしてみようということも試みてはいるんですが、いろいろ行政が絡んでいるので時間がかかります。

きめ細かい支援ですね。

職場実習がダメだった理由

ちょっと時間を戻して良いですか。しばらくとにかく糊口をしのぐ必要があって、就労支援の枠組みに乗ろうということになって、職場実習をしてみようという話がありましたよね。覚えています？

それは馬の行き場所を探していたときのことですか？

A　馬のいる場所を探し、しかもその近くで働けるという二つのことを同時に考えていたときのことでしょう。

そのときは馬の行き場所を探してもらっていたんです。そうしたら面接はいつですよ、という連絡がきて、何が何だかわからなかったです。就労も同時にしなさい、とAさんに言われて、就労がうまくいかなかったら馬も出て行かなくてはならないからとか言われて。

Aさんは両方一気に解決しようとしたんですけれど、そしてそれは客観的に見てご本人のことをよく考えた細かな支援なんですけど、それが雨野さんには伝わらなかったんですよね。一つずつこなせばわかりやすかったかもしれないけど、状況としては両方いっぺんに考える必要があって。

自閉症スペクトラムの人は、重大な決断を迫られることが集中して起こると、気持ちが動転しやすい状況に陥ります。

A　私の勝手な思いこみです。うまく説明しないで連れまわしてしまった。

Aさんは自閉症スペクトラムの特性がよくわかっていらっしゃるからそう思われているんでしょうけれども、世の中の人はそう解釈しないでしょうね。そこまで細かな配慮をしていて、両方いっぺんにやれないとか言うと、恩知らずだと思われるかもしれない。難しいところですね。

人がいるところではもううまくやれないだろうと思っていました。牛とか馬とか豚とかの面倒をみる仕事だったんですが、あそこに就労しても配慮はしてもらえないように感じました。

A　たまたま前の地主さんと似た熱い人で、それがダメだと感じた理由だったのではないでしょうか。先方は本当は雨野さんのことを気に入っていたんですが。

事業をやっている方である以上、熱い人である可能性は結構高いと思うんですが。

雨野さんは馬の行く先を探さなくてはならなかった。Aさんはそれと生活のことも考えなくては、と思っていた。普通は、自分の生活が成り立つことを第一に考えるんですよ、雨野さん。支援者というのは、利用者さん自身の生活を守ることをまず考える。でも雨野さんからは、自分の生活状況についての思いが全然出てこない。とにかく馬が大切というだけは伝わるけれども。

きっと生活状況の把握も難しかったのかもしれないですね。全体像のとらえ方とか、優先順位の付け方が、定型発達脳と自閉脳では違うのがよくわかりますね。セントラル・コーヘレンスの弱点と実行機能障害の部分に迫る課題がいっぺんに来ちゃった。それで思いがすれちがったんですね。

Ａ　あのときの雨野さんの精神状態では、そこまで考えられなかったでしょう。とにかく早く出ていきたかったんですよね。

大変だったんですねえ。私が後で聞いたところでは、Ａさんの思いと雨野さんの思いは完全にすれちがっていたみたいでしたね。雨野さんからすれば、過去の繰り返しになるにちがいないと思い不安にもなっていた。Ａさんは自分のことをよくわかってくれないと、雨野さんは思ってしまったのですね。それで、わかってくれないと服巻さんに言いつけますよ、という発言になったこともあったと聞きました。

それは冗談で言いました。

ニキさんがよく自閉っ子の深くて狭い考え方を表現するのに「全画面表示」とか「先着一名様」という言葉を使います。雨野さんもその時は、馬が先着一名様だったのではないでしょうか。

本当ね。シングルフォーカスだったんですね。さて、さまざまトラブルがあって、体調の問題もあって、だからそのことで一杯だったということだけれど、もし状態がよくても、基本的には変わらない特性を持っているのではないでしょうか。私はそう思います。全体像を把握できないし、トンネルの出口の先を見ていないんでしょう。迷路やトンネルの全体像の地図を持っていないから、状態がよくても変わらなかったのでは？　どうでしょう。

食べるために馬以外の仕事をできるか？

Aさんが、馬と重なる仕事を得られるよう画策しましたよね。今だったら、それはやりますか。

やりません。

そう言うだろうと思ってました。それは対人的なこれまでのトラブルが原因ですか？

働く＝馬なのでは？　馬の仕事以外したくないのではないですか？

うーんと。今はもし乗馬クラブの仕事があっても断ります。

それは、対人関係で？

ええ。

じゃあ、角度を変えて。両親がずっと仕送りしてくださったですよね。人生のこれからを考えるとき、生活していくということを考えると、どうですか？　背に腹は代えられないということも……。考えていますか。この間は考えているといっていましたよね。つまり、生活費を稼ぐことについてはどう考えていますか？

図書館の仕事はやりたいけど、それ以外は馬しかやりたくないのかな？

……（服巻先生の講演で）ビデオを見たから……。

A　自閉症スペクトラムの人が図書館で働いているビデオを見たんですよね。あまりまわりに人がいなくて、静かな職場で。

牛や豚の世話の仕事なら待っている人がいるけれども、それはやりたくないんですよね。だから今、図書館で働けないかとこちらである方面に働きかけています。

その図書館の仕事では、生活していくだけのものを稼げるのですか？

どんな仕事であれ、半日の勤務ではふつうは難しいですよね。

A　他に年金があるし、何とかなるかも。ただ、実際に職を得るまでどれくらい時間がかかるかはわかりません。

それでも、生き物以外の仕事をしようとするなんて、大きな転換ですよ。以前の雨野さんからは考えられませんよね。もうひとつイメージできないなと思っているのは、就業後の維持に関する部分です。ジョブマッチングだけでなくジョブコーチも提供してもらえるんですよね？　図書館にも上司がいる。地均《じなら》しとか調整とかしてくれるんですよね、そのことは知っておいたほうがいい。それがあるなら、牧場でも同じこともできるかもしれませんよ。ジョブコーチが使えるという体験、活用の仕方を理解できれば、馬の仕事に応用できるかもしれませんよ。

図書館の仕事も馬の仕事に生きてくるはずですよ。いずれは馬に戻れるかもしれないですよ。それに生活を別で成り立たせて、趣味で馬ができるかもしれないですよ。

それでも、経済的な自立や生活、今後の人生などが、なかなか雨野さんの言葉では具体的に伝わってこないですね。それがパートナーのことにも関わってくる。今後の人生についてどういう展望を持っているのでしょう？

……………………………………………………………………………………。

馬のほうは、再開しても、うまくいくかわかりません。自信がありません。乗れない人を乗せることがどこまでできるかわからない。今の運営方法ではうまくいかないから、きれいに区切ろうかなと思っている。だから、それまでは、馬だけに集中してやろうと思っていたんだけれど、図書館だと言われたので、図書館がいいなと思ってきました。

馬以外にやってもいいかなと思うことが見つかったことは、とても良かったと思います。興味関心の偏りがあるのに、とにかく違う可能性を開いて、馬以外のことに関心が持てたのは、ある程度妥協できるように、人生の許容範囲が広がったわけです。雨野さんにとって、今後発展する可能性があるのではないでしょうか。

ところで今日は、生活上のパートナーの方にも来ていただいていますよね。そろそろお招きしていいですか？

パートナーとの出会いなどについてもお聞きしたいです。

パートナー登場

そもそもお二人はどういう出会いだったんですか？

馬の持ち主さんでした。

あなたが代表さんということではないんですね？

どうして馬をお持ちなんですか？

パートナー　以前牧場に勤めていたんですけれど、そのときに欲しいなと思って。

おつきあいすることになったきっかけは？

馬の所に住んでいて、通うのにいいかなと思って。

女性としての魅力についてはどうですか？

うーんと。馬が好きで、犬が好きで、誠実で明るいところがいいです。

ご本人がいらっしゃるから照れているのかもしれませんが、この前聞いたときには、とても大事な人とおっしゃってましたよね。

ここまで聞いただけだと、雨野さんが転がり込んだだけのように聞こえてしまうのですけれど、現実的には転がり込んできても拒まないだけの魅力があったんですか。

パートナー　価値観が違わないんです。

雨野さんはね、以前、ケンカできるから、仲が良いといっていました。

パートナー　そうですか。

一緒に生活して何年になります？

五、六年です。

その間に関係は変わりましたか？

パートナー　あまり変わっていない気がします。

私、たくさん夫婦を知っていますけれど、パートナーはご本人が気づかないところで苦労していることも多いものです。しんどい部分はないですか？　率直に言って。

パートナー　私も当事者かなと思っていますから。それに、他人を変えるなら、自分を変えるほうが楽。

名言！　自分が合わせるんですね。

パートナー　そうです。自分が合わせたり、自分の考えを変えたほうが、自由にうまく動かせます。家庭よりもむしろ職場のほうがつらいです。

お仕事は何をなさっているんですか？

パートナー　医療関係の事務です。病院なのに、問題を解決しないで、その人の問題点を見逃して、その人のせいにする人がいるんです。毎日そういうのを見ていると、そのほうがつらいです。

家に帰って雨野さんに会うと、くつろげるんですか？

パートナー　疲れていて、ご飯を食べてすぐ寝てしまうんですが。

相手を変えるくらいなら自分を変えた方がよいというのは、変えなければいけない出来事があるということなのでしょうか？　普通の夫婦でもそういうことありますよね。そういうのを感じるところがあるということですよね。

パートナー　私の育ってきた環境が会話のない家だったので、違和感はありません。でも、それが原因で高校を卒業したら家を出ようと思っていて、そのとおりにしました。

……（会話はあります！）。

生活していく上で、合意に達しないとうまくいかないことはあるのではないでしょうか……。

A　以前雨野さんからのメールに、彼女のことをとても好きなのだけれどゴールデンウィーク五日間ずっといることは無理なんですよと書いてありました。それを見て「彼女に捨てられない？」と言ったとき、「彼女の馬の世話をしているかぎり、大丈夫」と言っていましたね。

恋愛も私たちと違うのかもしれないですね。この前はパートナーはとても大事な人だと言っていましたし、その気持ちも本当なのでしょうが。

雨野さんの生き方はユニークですよね。それを振り返りつつ、率直な話で今収入の話をしていたんですよ。それについてパートナーのご意見をいただければ。今まで雨野さんはいろいろつらいことがあって、うつになったりもしましたね。それをパートナーとして支えてきたとも言えるでしょう。

パートナー　支えてきたんでしょうか。むしろ、私の助言が変な方向に転がしたのでは、という気持ちもあります。

どんなときですか。

パートナー　最初から二番目の場所に移るときとか。二番目のところでうまく行かなかったときとか。

そこが私の感覚と違うんですね。私の感覚からすれば、あなたは住むところを提供していますよね。それだけでも支えているということになる。提供する場所があったから、雨野さんは夢を追えたのではないでしょうか。

パートナー　私も仕事をしていたし、馬の世話もしてもらっているし、帰ってきて人がいると、ホッと……。

以前は牧場に勤めていて、そのあと病院の仕事にかかわったのは、牧場が嫌になったからですか？

パートナー　出ていけと言われたんです。考え方が違って、出ていけと言われて。馬をやめようと思ったわけではないけれど、馬関係の仕事はかぎられているし、年齢や女だということもあるし、とりあえず住むところということで。馬もいて犬もいて、という感じだったんで、職種を選ばずに新聞配達もしました。朝早く起きて新聞を配ればそれでお金がもらえるから、楽です。昼間は自分の時間を使える。

（雨野さんに向かって）新聞配達やってみる？

パートナー　ただ、営業とか集金が入ると、彼には大変なのでは……。

なるほど。雨野さん、新聞配達やってみる？　そこがパートナーと雨野さんの違いかもしれませんよ。

仕事はまず生活の手段ですからね。生きがいになったらラッキーだけど、まずは生活の手段だから。

要するに雨野さんにとって、どんな仕事が理想ですか？

馬の仕事か、家でやる仕事ができたらいいなと思います。

雨野さんとお会いして

仕事の意味をつかめるか？

雨野さんを取り巻く状況も、このインタビューを受けてから様変わりしたんですよ。まず、結局図書館の仕事は見つからなかったそうです。

やっぱりね。

浅見さんが「やっぱりね」と思うのはどうしてですか？

仕事のある・ない、って、働きたい側の都合では決まりませんよね。世の中の需要と供給のバランスで決まりますよね。図書館の仕事っていうのは人気がありそうだし、どこの自治体も苦しくて図書館の人員を増やすこととかは少ないでしょうから、なかなか口がないのではないかと推測していたんです。

もちろん、今回のように支援者の方が自治体等にかけあって、仕事を作り出すという動きもありでしょう。ただ日本の経済が少子高齢化社会の中で縮小していく中で、世の中的にそれが実りにくい状況なのではないでしょうか。地元の支援者の方に力量がいくらあっても、そうはうまくはいかないだろうと思っていました。

そうですか。それにくわえて、牧場のほうもうまくいかなかったんです。結局牧場の地主さんともうまくいかなくなって「出て行け」と言う事になったようです。

ああ、それも無理はありませんね。

どうしてそう思うのですか？

トモコ先生、私はね、月一万円じゃ駐車場も借りられない地域に住んでいます。ですから、馬を住まわせて、運動させられるくらいの場所を一万円で貸すということ自体が、大変な厚意の賜物だったのではないかと思ってしまいます。雨野さんがどこまでそれをアプリシエイト（理解し、ありがたく思うこと）していらっしゃるか知りませんが、ある意味、北海道のような土地柄で、Aさんのような熱意ある支援者が動いて初めて、地主さんの理解が得られたと思います。北海道のように人々が助け合わないと生きてこられなかった地域だからこそ、「一万円で牧場を貸す」なんていうことが起こりえたんじゃないでしょうか。そういう人を見つけてきたAさんの支援は、その点ではとても親切な心のこもったものだと私には思えます。

その通りです。ただ地主さんは、障害者乗馬をやると言ったから牧場を貸したのに、結局はなかなか障害者乗馬が始まらないのに怒って、「出て行け」ということになったようです。

その地主さんも「熱い人」だったんでしょうね。だから「障害者乗馬をやりたい」という雨野さんに意気を感じて格安で貸してたんでしょうね。もしかしたら軌道に乗ってきて、経営が安定したら、もっと地代を上げたいと言い出したかもしれませんが、とにかく少なくとも最初は、熱意ある若い人を応援したかったんでしょうね。

雨野さんは「熱い人」との相性が悪かったようですが、「熱い人」は本当に親身になって応援してくれるし、へんな話「使いよう」なんですよ。でもそれが見抜けないのが社会性の障害なのかな〜と思ったりしました。

うーん、それを見抜くのは、自閉症スペクトラムの人にはかなり難しいでしょう。イエール大学の自閉症の脳科学研究の第一人者であるアミ・クリン博士とフレッド・フォークマー博士も述べていますが、自閉症の人たちは人がどのような意図を持って自分に近づいて接しているのか、ということの推測がほとんど難しく、具体的に見える形で受け取るメッセージからしかその人を判断できないのです。そのため、相手の意図や言葉の裏にある真意を読み取りながら、その人となりと見極め、自分にとってどのような役割を果たしてくれる人かを理解しつつ付き合う距離を決めていく、なんていうのは、もっとも困難なスキルなのです。ですので、搾取にも遭いやすいともいえるし、このように意気に感じて「熱く」接してくれる人の気持ちを汲み取って「使いよう」スキルを発揮するなどというのは、「習ってもいない曲芸をやれといわれているようなもの」（@森口奈緒美氏談）なのではないでしょうか。

そうなんですね。私たち一般人は「社会性の障害＝社交性の障害」って短絡的に考えてしまうことがあります。もしかしたら、学校現場でもそうかもしれません。でも社会性の障害って、奥が深いんですね。

社会性の障害とは？

でもまあ、障害者乗馬がうまくいかなかったのは、雨野さんにあまり責任はないんですよ。

どうしてですか？　雨野さんが代表でしょう？　事業の代表者はつねに責任を取るのが仕事だと思いますが。

ええ通常ではその通りなのですが、彼の場合は、対人交渉など自分の苦手なことを自覚してからは、自分は馬専門として機能し、実務はボランティアの人にまかせるよう役割分担していたそうなのです。そうしたらそのボランティアの人たちが、結局なかなか事業を始めなかったのです。

でも、そのボランティアの人たちはボランティアでしょう？　ということは、他に本業があったんでしょう？　そうなると自分の生活を支える仕事を優先させるのはある意味当たり前だし、いくらまかせたと言っても、やはり雨野さんが中心になって動く必要があったのではないんですか？

運営をかって出てくれた人たちは、確かにほかに仕事があり、ただのボランティアの気持ちで参加していただけで、生計は別に確保する必要があったのです。雨野さんはそれを知っていたけれど、相手にとっては本業じゃないからそれほど親身にならない可能性があるということは見抜けなかったのですね。

どうして？　そんなの考えてみればわかりそうだけど。私も起業経験者ですが、私だったらいくら自分が対人交渉が苦手だとしても、事業の立ち上げを他人にまかせきりにはしないと思います。

そこに、社会性の問題があるのです。

それも社会性なのですね。

社会性のなさ、は、それを形作っている脳機能の特性として

・セオリー・オブ・マインド
・セントラル・コーヘレンスの弱点

というものがあげられます。

先生は自閉症スペクトラムの方にご本人の特性を説明するとき、よくその言葉を使われますが、改めて、その二つの言葉について説明していただけますか？

私は脳科学者ではないのですが、自閉症支援の知識としてお話するとセオリー・オブ・マインドは、その場にいる他者の気持ちを限りなく正確に推測する力。セントラル・コーヘレンスは、一部の情報から、全体像を把握する力、と説明できます。もちろん、この二つの機能というか能力は、社会性だけを構成しているわけではないのですけどね。自閉症の人の対人交渉力をより掘り下げて理解しようとする場合には、これらの能力のことに触れなくてはなりません。

そういったいわば「脳みその特性」が「社会性の障害」につながるというわけですね。具体的な例に沿って教えていただいたほうがわかりやすいと思うのですが、たとえば今回の雨野さんの場合は、セオリー・オブ・マインドとセントラル・コーヘレンスの弱さがどう社会性の障害につながっていったのでしょうか。

雨野さんの今回の例でいえば、浅見さんがさっきおっしゃったとおり、雨野さん以外のスタッフはボランティアで、生計を立てる仕事が別にあったわけです。たとえ本人たちにやる気があっても、いえ、さぼる気はなくても、どこまで障害者乗馬の立ち上げに時間を労力を割けるかは割り引いて考えるのが定型発達の社会人でしょう。

そうですね。私がその状況にいたら、相手がたとえ人格的には間違いない人たちでも、すべてをまかせたりはしないと思います。それは、相手を信用していないからではありません。あくまで、事業を守るためです。そしてたとえ自分が対人交渉が苦手だからその部分をまかせきりにせざるをえない状況でも、途中で細かくチェックを入れたと思います。もちろん相手の気を害さないように気を使いながらも、事業の代表者として手綱はゆるめなかったと思います。

それでもセントラル・コーヘレンスとセオリー・オブ・マインドに弱点があると、見えるところ・聴いた言葉だけでしか人を判断できないんですね。それも自分の経験と知識からの限られた判断となります。

ああ、なるほど。じゃあたとえば「まかせとけよ」と言われると本気にするわけですね。

そうです。実際にはボランティアの人たちが、その人の生活の中でどの程度の比重を障害者乗馬の立ち上げにかけているかということや、その人には生業としての仕事や他にもやっていることがあるからこの程度の期待にとどめておこう等という、定型発達の人であれば自動的にできてしまう推察や目測、計算といったものができなかったんですね。

雨野さんのケースで見るように、自閉症の人にしてみれば自分が全生活をかけて全力でやっているし、「よし、やるよ」と相手が言えば、それはもうすっかり任せてよいのだろうと思い込んでしまうのでしょう。あるいは、クミン博士が述べていることからもわかるように、「相手の言葉や表情、態度の向こうにあることに関して適した想定をし、社交的に正しい判断をして対人行動を起こすことが困難」であるために、そう受け取るほかないのです。

なるほど、相手の見えるところ・言ったことだけを信じ、疑うことをしない。それが「社会性の障害」なのですね。だとすれば社会性の障害って、人間関係が築けないという単純なものではないのですね。人を見る力。人のやる気を（言葉を超えたところで）判断する力。他人と自分の関係性を推し測る力。極端に言えば、敵と味方を見分ける力。そういうのも社会性なのですね。

まったくおっしゃるとおりだと思います。

あと、自閉症スペクトラムの方はしばしば感謝すべき相手に感謝していないように見えることがあります。それも社会性の問題なのですね。

感謝の表現については、感謝すべき事柄に気づかないこともありますが、社会性の問題のほかにコミュニケーションの障害の部分が大きく影響しているのです。自閉症スペクトラムの人のコミュニケーションスキルといえば、自発的に意志を表明する力とか、適切な言葉を使うことができるとか、適切な文脈において適切な言動をとることができるかとかの部分ばかりが取り上げられることが多いのですが、実は、非言語性コミュニケーション力もかなり低いのです。つまり、気持ちを表情で表現する、ジェスチャーで表現する、身体全体で表現する、といった力です。この点については自閉症スペクトラムの人は機能レベルにかかわらず等しく「できない」、あるいは欠損している能力なのですが、機能が高く言語の流暢な人ほど、その能力の高さからみると言葉以外では表現できないことのギャップが大きく感じられるのです。

定型発達の人は機能の高い自閉症の人には、それなりの期待をしてしまうのですね。

最近はアスペルガー診断も激増していますが、機能レベルの高い人は、社会性の問題とコミュニケーションの問題の両方が影響しあって対人交渉力のまずさとして現れる場面が多いので、英語圏の研究者の間では「ソーシャルコミュニケーション力の問題」として取り上げられることが多くなっています。ＡＤＯＳ（エイドス：Autism Diagnostic Observational Scale）という、いまやこの検査を抜きには自閉症スペクトラムを正しく診断することはできないとまで言われるほどに精度の高い検査法には、表情表現やジェスチャーを使って相手にわかるように伝える力をみる項目も多数組み込まれています。つまり、それほど重要な自閉症の特性なのです。

通常は、セオリー・オブ・マインドを働かせて相手の好意を読み取り、感謝をする文脈を把握するだけの状況判断とメタ認知を機能させ、その上、「感謝をすべき適切なタイミング」を見極めた上で、感謝の言葉を述べるわけです。定型発達の人は相手に感謝の気持ちを伝えるために、感謝の言葉だけでなく表情やお辞儀なども同時に行い、「ありがとうございました」という気持ちが相手に伝わるように身体全体で感謝を伝える、ということが、自動的にできるわけです。安和さんのところで実行機能の働きとあわせて説明したことですが。

　ところが自閉症スペクトラムの人々の場合、この部分がその大事な場面で欠落するので、言葉で感謝を述べていても、なんだか尊大な印象を与えてしまったりすることになるわけです。謝罪の場合はもっと結果が悲惨になることがあります。本人は謝っているのに態度が尊大だと受け取られ、むしろ相手を怒らせてしまうこともあるのです。非言語性コミュニケーションの障害のせいで、ただただ気持ちをこめる態度というのが、「できない」だけなので、本当に気の毒な時があります。学者風だといわれる特性を持つＡＳＤの人たちも、ほとんどが、非言語性コミュニケーションの問題を強く持っているわけですが、実生活の中ではこんなに簡単な説明だけでは済まされないほど複雑な状況が多いです。

なるほど。そうやって、思わぬところで社会的に損をしてしまうわけですね。じゃあ、支援者という立場だと、そういう社会性の障害やコミュニケーションの障害を補ってあげなければいけないというわけですか？　もちろん大人が相手だから、あまり出すぎた真似はできないということにもなるでしょうが。表面的なソーシャル・スキル・トレーニングで「お行儀」は補えても、自閉症スペクトラムの方々は社会性の面では生涯支援を必要とするのでしょうか？

まったくその通りです。実は、対人関係を主軸とする社会性の問題点ばかりでなく、機能が高ければ高いほど求められる効率やマルチウィンドウでの脳内平行作業など、実行機能に対する周囲からの期待値はどんどん高くなるのに、実際の力は追いつかないために、仕事に支障をきたすことが多く、それは家庭生活まで破綻に追い込む可能性が高いのです。しかも、コミュニケーションがうまくないので、最後は一人で抱えてしまい、うつに追いこまれる、という構図となっていってしまいます。ですので、生涯の支援は絶対に欠かせないのです。

支援者に必要なのは何？

さて、雨野さんのケースに話を戻すと、当時地元で支援していたAさんも、事業の先行きについては「あやういな」とは思っていたみたいです。

それでも言わなかったのかな？「福祉の中の人」は心優しいから。私だったら言っちゃうかもしれないけど。「あのさ、あの人たちあんまりあてになんないよ」とか。

言いかけたこともあったみたいですが、その当時の雨野さんには受け入れる素地ができていなかったようですね。

なるほど、そうですか。

ただね、私自身の接し方はどうかといえば、自閉症スペクトラムの方には、割合はっきりものを言うようにしています。私は支援する・されるの間柄ではなく、ビジネスパートナーとして、対等な社会人の立場で自閉っ子とおつきあいがありますね。社会人として知っておくべきことは知っておいてもらわないと仕事にならないわけで、はっきり言うのが仕事の一つだと割り切っているんですね。私の仕事は自閉っ子に好かれることじゃなくて、自閉っ子に社会人として機能してもらうことだから。

そうですね。浅見さんのやり方のように、見通しも含めて、はじめにはっきり示してもらったほうがわかりやすいに違いないと思いますね。

定型発達の人に対しては、持って回った言い方をすることが礼儀である場合も多いですが、自閉っ子にははっきり言ったほうがかえって親切だと思える場面も多いし、逆にはっきりと教えてくれてありがとう、と言われることも多いんですよ。ただ、「福祉の中の人」はかえってそれを遠慮してしまって、当事者が混乱するんじゃないかと思うことが正直言ってあるんです。「福祉の中」で、しかも自閉症スペクトラムに関する知識がじゅうぶんでない場合は特に、ですね。

たしかに自閉症支援には、自閉症の知識が必要不可欠です。

私ね、いろいろな事例を見てきて、自閉症支援に必要なのは人権意識というより、自閉症に関する知識じゃないかと思うことがあるんです。雨野さんが「熱い人」を苦手としてきたように、いくら支援する側に温かな気持ちがあっても、相手に通じる言い方をしないと通じないですよね。そしてそれは必ずしも、「優しい言い方」じゃないように思うんです。もちろん叱りつけるような言い方でも逆効果なんですが、なんというかある程度機能の高い自閉症スペクトラムの人には、仕組みから教えてあげると驚くほどのみこみが早い印象を持っているんですが。

たとえば私が雨野さんに「ボランティアの人たちは当てにならない」ということを教えるとすれば、目の前で、図解説明をして、「この人たちは良い人たちなんだけど（悪い人たちじゃないけど）、当てにもできないんだよ」と説得してグループとして活動するのを止めさせたと思います。

なるほど。たしかにそうですね。「悪い人たちじゃないけど、当てにもできないんだよ」が上手な説明ですね。

それが本当のところだし。自閉症スペクトラムの人には、わざわざ説明しないと「良い人だけど当てにできない人」という、正反対の側面が共存する存在を想定するのが難しいかもしれない。

そうです。そこで自閉症の知識がないと、自閉症の人がどこをどう思い違いをしているのか見分けがつきません。そうすると、支援者の役割がただの悪いニュースを伝える役目になってしまって、「悪い人」という位置づけになってしまうような恐れを感じてしまうかもしれません。でも自閉症の人の特性を知っているとその人の勘違いの仕方がわかるから、誤解を防ぎつつ正しい状況説明をすることができるのです。ですので、その人を知る、というだけでなく、やはり、根本的に自閉症の特性を知っておくのは不可欠だといえるのです。

不登校

私は雨野さんの問題を見ていて、元々は不登校から発しているのかな、という気がしました。それで、こういうケースはとても多いと思うんであえてここで採り上げたいんですが、

自閉症スペクトラムを主因とする学校への不適応→不登校→高校中退→そのまま在宅生活へというコースをたどる人は多いと思います。そして問題なのは、いったんこのコースにはまりこんでしまうとなかなか社会へ出て行きづらいということですね。

そうです。うちに相談に来ている人たちにも、同じようなケースがとても多いです。通常学級での特別支援教育が徹底して浸透すると、こういうケースは予防できると期待しているんですが、なかなかまだその時代にはなっていない印象で残念です。というか、今後は期待できるのではないかと希望的観測を持っているところではありますけど。

不登校に対する対応の仕方は専門家によっても意見がさまざまなようですね。登校を促す派と、無理に登校させなくてもいい派と。トモコ先生はどちらですか?

私は、学校に行かないという選択肢があってもいいと思っています。

私は先日、十八歳で広汎性発達障害という診断が出たかわいい二十代初めのお嬢さんにお

会いしました。この方は中学は入学式しか行っていなくて、高校は通信制を出て、でもその後障害者就労支援センターの支援を受けて研修に励み、大手の会社に契約社員としての採用が決まったんです。

すばらしい！

たしかにすばらしいけれども、めったにないことですよね。こういうことを聞くと「なんだ、学校なんて行かなくていいのでは？」なんて思っちゃうんですが。

ところが今は、「通うのが大変だ」と言っていました。中学生時代から「どこかへ通う」という習慣がなかったわけですから、会社へ通うのが本当に大変だ、と。

それで改めて思ったんですけど、登校するって生活習慣づけには有効ですよね。

そうなんです。だからＮＰＯ法人それいゆでは、発達障害専門のフリースクールを開設しているのです。特別支援の十分でない学校は自閉症スペクトラムの人にとって過酷な場だから、「学校に行かない」という選択肢があっても私はいいと思います。でも、朝起きてとにかくどこかへ行くということを身体に覚えさせるためには、どこかへ通うという習慣はつけたほうがいいとも考えてきました。そのためのフリースクールなんです。県教委も地教委もその重要性は認めてくれていて、開設後二年目からはそれいゆのフリースクールに通うことは学校での出席日数として数えてもらっていました。学校に戻る子たちも出てきて、今ではその効果が認められ、県の事業の一環に組み込んでいただくことになり、在籍校との連携のもと、一部無料で利用することができるようになっています。

そうやって周囲の状況が整ってフリースクールに通うことを選択しても「うつ」のために身体が動かない人もいます。ですからフリースクールでは、その人に合わせて登校時刻を設定したり、勉強や休憩時間を導入したり、対人行動の内容を取り入れるなど、きめ細かくスケジュールを立てカリキュラムの工夫をしています。

そしてそれは、一人ひとりに合わせたものなのですね。

そうです。一般の学校教育ではこういうことが難しいかもしれませんが、フリースクールなら可能です。ある意味天才児教育に近い部分もあるかもしれません。

そういう場を設けてでも、「朝起きたらどこかへ出かける」習慣をつけることは、必要なんですね。将来社会に出てお金を稼ぐために。

そういうことです。

だったら、すでに学齢は過ぎて在宅生活になっている人（＝引きこもり）についても、同じような習慣づけから始めることが大事なのではないでしょうか。

まったくその通りだと考えています。今は、引きこもりはもちろん、ＮＥＥＴと呼ばれる層にいる青年たちの相談もとても増えています。就職したくても雇ってもらえない青年たちです。しかし、外に出てくるとか、生活リズムができている、というのは、仕事を得るため・探すためのもっともプリミティブな大前提でしょう。決められた時間にちゃんと現れないのは職場としてその人を当てにできない、ということですから。若者サポートステーションに通っていても、毎日きちんと通う、ということができていない人は多いようですね。

外に出て人に会うのが怖い、というクライアントさんたちには、一日一回窓を開けてみる、短時間でも日光に当たってみる、ということから奨めています。

定型発達の人には細かいことなのですが、地球上の生命体としての人は、日光に当たらないと生成できない物質があるんですね。そして、それがないと成長ばかりか脳の思考プロセスも正常に機能しないことがあるのです。特にセロトニンとかビタミンDとか、思考を柔軟にしたり、辛抱づよくあるために不可欠な脳内物質の働きを説明してあげるのです。すると、人には会わなくても良いけど散歩くらいして身体を動かそうとか、日光には三十分以上当たろうとか、そういう自分のための約束が成立します。私は子どもたちや青年たちにそのことをわかりやすく理屈っぽく説明します（笑）。この「理屈」というのが肝心で、自閉症の人たちは理屈がわかると目的が明確になりやる気がおきることが多いのです。「昼夜逆転しちゃダメじゃないの！」という叱責よりずっとずっと効果があります。時に、「先生は三十分日光浴しろって言うけど、雨が降ったらどうしたらいいんですか？」という質問をしてくる子もいます。大真面目なだけで、揚げ足とってるわけでも屁理屈でもないんです。「日光浴以外には、メトロノームに合わせて一秒間に二拍のリズムで三十分以上歩くと、それも脳の中にセロトニンを出す効果があるんだよ。それとね、雨が降っても雲に隠れていても、日光の成分は目には見えなくても降ってきているから、やはり、太陽が出ている時間帯に身体を起こしていると良いんだよ」と説明したりしています。

本人の特性に合わせながら、少しずつでも昼夜逆転の生活を九時五時の生活に近づけていく。そして、新聞とりや掃除などの家事手伝いからでよいから、少しでもプロダクティブな活動を短時間でも増やしていく。また、それを認められることで自己有用感を少しずつ味わうことのできるような環境を、ご家族と一緒に考えながら、それも本当に少しずつ少しずつ取り組んでいく。こうやって生活改造を進め、いつかは仕事へ——という取り組みを続けています。就労移行支援事業を使うにしても、一定の時刻にその場に行かないといけないのですから、生活習慣を整えることは最低限、そして、もっとも初期段階に重要なことでしょうね。

好きな仕事伝説

ある意味で雨野さんは、定型発達の人々も含めて社会に蔓延している「好きな仕事伝説」に巻き込まれたといえるかもしれませんね。好きなことを仕事にするのが一番、という伝説です。

自閉症支援の世界では、好きなことは趣味にとっておいて、別のスキルで仕事をして、休みの日に稼いだお金を趣味に使うというライフスタイルを推奨してきた歴史があります。私が支援してきた人でも、お菓子作りがとても得意で資格をとってしまうほどなんだけれども、週日は資源化センターで働いて、土日に家族のためにお菓子を作っている当事者の方がいます。

私は社会に入ってからずっと、意識的に「好きなことを仕事にしている人」と「好きなことを趣味にして、仕事は別のことをやっている人」の観察をしてきました。二十代の前半に、その問題をよく考えていたからです。

その結果、それぞれ向き不向きがあって、どっちがいいかはその人によって違う、という結論に至りました。仕事と趣味をはっきりと分けて、仕事は仕事できっちりやってお金を稼いで、週末は趣味を楽しんでいる人もいます。それはそれで幸せなライフスタイルです。

私自身のことを言えば、好きなことを仕事にしてよかったと思います。でも好きなことを仕事にすることを選んだせいで、週末も仕事をしていますし、街を歩くときも仕事を意識しながら歩いています。自分では後悔していないけれども、好きなことを仕事にしたからこそのつらさっていうのもあったし、仕事というものの第一義は「食い扶持を稼ぐ」ことだから、百パーセント好きなことで埋められはしないんです。好きな仕事を死守するためにこそ苦手なことも乗り越えなきゃいけないし、苦手な人ともつきあわなきゃいけないし。それを最小限にすることはできるかもしれませんが、ゼロにはできないなあというのが実感です。

そうですよね。通常、仕事というのはまず「食い扶持を稼ぐ」ことが目的です。それをもっと、社会に出る前の段階で教える必要がありますね。人には本音と建前があります。仕事の目的を問われて、プロダクティブな人生を送るため、とか、社会に貢献したいから、ということを言う人もいるかもしれません。定型脳にとって「食い扶持を稼ぐ」ことは「当然」だからわざわざ言わないだけなのですが、そういう部分だけを聞いてしまったり文字で読んでしまうと、自閉脳は哲学的思考を求めるので、ついつい「食べるために働く」という基本的なことを見逃してしまう可能性が高いですから。

お家に余裕がなかったので防衛大学に行った安和さんや、中学を出てすぐに就職した雲下さんは、「仕事は食い扶持を稼ぐことである」ということが、すんなりわかる機会が多かったかもしれません。でも雨野さんはつねに支えてくれる人に恵まれてきた分、それがわかりにくかったかもしれません。そして起業という冒険に乗り出してしまった。

起業に必要なものは？

安和さんのインタビューでも言ったように、私は自閉症スペクトラムの人が自分で事業を興すならば、定型発達の人をビジネスパートナーに持つべきだと思っています。

定型発達の人が起業するときにも、励ましあえるパートナーがいたほうが心強いものです。それくらい起業というものには不安が伴います。あと、事業を経験したことのあるメンターが必要だと思います。ジョブコーチや就労支援センターの人には起業経験はないことが多いでしょうけれども、やったことのある人じゃないとわからないことってたくさんあります。

ただだからといって、苦手なことをすべてパートナーに頼っていては成功はしにくいという感じがしますが。私は雨野さんに限らず、自閉症スペクトラムの方が起業をするには乗り越えなければいけないバリアがたくさんあると思います。まあ、定型発達の人にだってバリアは多いんですけど、自閉症の人は余分にバリアがありますよね。

浅見さんの考えでは、起業の際、一番大切なのはなんでしょうか？

意外に思われるかもしれませんが、私は体力だと思っています。起業経験者で、同意見の人は多いです。一般的に「まず必要なもの」と言うと資金等が思い浮かびますし、たしかにそれも重要には違いないのですが、資金はよそから引っ張ってくることもできます。でも体力はそうはいきませんよね。とくに起業前後は、何よりも体力が必要です。実際に長時間労働を余儀なくされますし、いざというときがんばれるかどうかは根性というよりも体力の問題が大きいです。

なるほど。浅見さんのように社長という立場の人からその言葉を聞くと説得力がありますね。アメリカの就労支援の世界で重要視されていた就労の三要素は「スピード（正確に手早く仕事をするスピード）」「生産性」そして「スタミナ（体力）」でした。体力が無いと職業生活を維持することは難しいですものね。事業体を運営していくということは、浮き沈みの波が必ずあります。人を使っていればもっと複雑な波が起きますよね。その中で乗り切っていくためには「体力」。意外とは思いません。むしろ、納得します。「からだが資本」というのはよく言ったものです。

では、その他には？

当然ですがスキルでしょう。目指している分野で、他人からお金をとれるだけのスキルがあるかどうか。このあたりを、自閉症スペクトラムの人は相当高機能な人でも見誤りがちな印象があるんですが、どうなんでしょうか？　自閉症スペクトラム＝不安が強い、のかと思えば、わりと根拠なく自信満々で、見積もりが甘くて失敗することもあるように思えます。安和さんもそういうことに触れていらっしゃいましたが。

自分の持っているスキルがお金になるほどのものかどうかを見極めるには、他者の見地に立って見る能力が必要ですよね。そのためにはメタ認知とセントラル・コーヘレンスの両方が同時に機能しないといけません。でも、高機能自閉症スペクトラムの人の中には、やりたいと思えばできると思い込むところがありますね。自分の力をわかってない、ビッグマウス（大口をたたく人）に見えてしまう、というところが。これは、他者と自分を相対的に比較できないから。

たしかに自分を相対化するのは定型発達の人にとっても難しいですけどね。どうしてもやりたい分野ならなおさら、冷静な判断を下すのが難しい。

自閉症スペクトラムの人の場合は、アテンション障害が影響している場合があります。

アテンション障害？

はい。眼球運動レベルでもアテンション（注意）を維持するのが難しい。ジョイントアテンション（共同注視）では指差された方を正しく向くことが難しい。こうしたことがアテンション障害の一部で、カリフォルニア大学のエリック・コーシェン博士のグループは八〇年代後半から九〇年代初頭にかけて、「自閉症の脳は視点を維持したりシフトしたりすることに困難がある」ということを脳心理学と大脳生理学的に証明しました。そして、そのアテンション障害は思考にも影響を与えていることがわかりました。一つのことに焦点が当たってしまうとほかのことはまったく考えられなくなる・見えなくなる。この特性を、コーシェン博士やＴＥＡＣＨのゲーリー・メジボブ博士は「自閉脳のフラッシュライトアテンション」と表現しています。物事のごく一部しか見えないし、そこに強い焦点をあててしまうために、その物事を別の角度から見るように「視点を動かすことが難しい」という特性なのです。そして、その焦点が当たってしまう部分というのも、定型の人から見ると非常に些細な思いもよらない部分だったりすることも多いです。思い込むとほかに方法や道を探すことができなくなるのは、その人のアテンション障害の重さによります。シングルフォーカスなのは実行機能も影響していますが、アテンション障害の重さによって思考に影響が出て物事を同時に多面的に分析する、ということが難しくなります。興味関心の偏りが激しい人ほど、アテンションの偏りは強いです。たとえば進路指導のときなど、この特性を踏まえてていねいにやってあげないと、間違って学校を選択してしまうことにもつながりますので、要注意です。

ああ、たしかに、いったんこうと思いこんだら「どう見ても損な選択」をしていることがありますね。しかも意気揚々と。私たちは大人対大人なので、ついそういうときも忠告をためらってしまいます。相手の自由を阻害しているような気がして。でもトモコ先生のような支援の立場の方は、それを自閉症スペクトラムの方にわかりやすく教えることが仕事なのですね。

いつもうまくいくわけではないのですけれど、その人がいったいどの部分の情報を取りこぼしているのかといった点に気をつけながら、どんなときも物事の全体像をわかりやすく伝えながら、正しい判断ができるように思考の道案内をしたり、主体的に考えていくことができるように情報把握や思考・選択の支援もしていく必要があります。そのときに留意することは、そのクライアントの人が「指図されている」と感じないように、自尊心が傷つかないように配慮することでしょうね。

自閉っ子の感じる不安について

安易な見積もりをしてしまう自閉症スペクトラムの人もいれば、とても不安に駆られる人もいますね。そこまで不安に思わなくてもいいだろうと思うところまで不安に思う人がいます。

不安については、ＡＳＤの中でも両極端のタイプがあるのが観察されます。不安に取り付かれる人も、知識で補うことができるんですよ。不安になるのは、全体像が見通せず想定して心構えができないからだから。トニー・アトウッド博士も「自閉症の人にとっては、知識は恐怖を凌駕するものだ」と言っています。

なるほど。たしかにそうですね。

これも、自閉脳の弱点が影響していることが多いのです。関係ある情報と関係ない情報の見分けがつきにくいし、情報をスルーできないから。

でも、一方で、セントラル・コーヘレンスが弱くてアテンション障害も強ければ、興味は細部へと突っ走り、メタ認知も機能せず自分の弱点が見えないし社会に通用するかどうかの分析もできないので、もともと楽観的なタイプのＡＳＤの人は、それらの弱点に助けられて、逆に不安になることが少ないんです。

でも、そこでいう「楽観的」って、あまりいいことじゃないですよね。そこで楽観的だと、やはり仕事はうまくいかないと思う。

そうです。「見積もりの甘さ」や「客観性の欠落」につながってしまうんですね。そうなると、勝算を見誤ってしまうことになってしまいます。

そしてうまくいかないと、落ち込みや人間不信につながってしまう。やっぱりいくら楽観的だっていったって、見積もりが甘いのはまずいですよ、社会人として。う〜ん、難しいなあ。

そうなんです。それで、自分の予見性の甘さを省みるスキルが無いから、うまく行かなかったら人のせいにしてしまうという思考プロセスをたどりやすいタイプの人もいます。見積もりの甘さは、主にセントラル・コーヘレンスの弱点と実行機能障害の影響が大きいです。仕事の全体像が捉えられない、そして、やるべきことの優先順位をつけ、それらを組み立てて時間配分よく計画を立てることがうまくできない。

自分が特定の事業をやりたいと思ったら、全体像を見ることができなくなったり、利用者側のこと、運営体制のこと、働く人のこと、などを多角的・包括的に企画しないといけないのですが、その点、自閉脳はマルチタスクじゃないから機能しない。この部分は、自閉症のアテンションの障害も影響します。そのため、シングルタスクでしか物事は進まないのです。そうするとセントラル・コーヘレンスも実行機能も一気に機能低下し、時間内に仕事が終われないという事態に発展します。

セントラル・コーヘレンスは知識と経験で一部は補うことも可能なので、この辺りを、ニキさんはよくやってるな~っと思って見守っています。

そうなんですよ。ニキさんは『自閉っ子、えっちらおっちら世を渡る』の中でも「自閉が治ったわけじゃない。でも生きるのはラクになった」と言っていますが、セントラル・コーヘレンスは未だにとんちんかんなんです（ニキさん、ごめんなさい）。でも、とても学習能力があるんです、ニキさんは。

いい兆候

あと、起業するのなら「需要」っていう概念も持っていないといけないですね。図書館の仕事の需要と供給っていう話をしましたが、世の中でお金を得られるのは需要のある商品やサービスを提供するからであって、それが必ずしも自分の作りたいもの・やりたいこととは一致しないということは知っておかないといけませんね。私たち定型発達の人間だってそれは、日々肝に銘じなくてはいけません。もちろん目の前にある需要に飛びつくだけじゃなくて、需要を掘り起こす事だって大事なんでしょうけど。企業に勤めるっていうことは、その「需要探し」を社長とか上司に外注できるっていうことなんですよね。

そうですよね。そういう意味で、雨野さんにはいい兆候もあるんですよ。浅見さんにお伝えしたいことがあるんです。

どんな？

牧場から出て行かなくてはいけなくなったとき、周りの人の多くは「馬を手放しなさい」と言ったそうです。

そらそうでしょうね。置いておく場所を見つけるのが大変そう。

でも私は、本当に手放さなきゃなくなるまで手放さなくていいと言ったんですよ。そうしたら、そう言ってくれるのはトモコ先生だけだと言っていました。それには理由があるのです。

私ならきっと手放せと言ったと思います。でも、どうしてトモコ先生は手放さなくていいと言ったんですか？

雨野さんにとって馬は、本当に大切なものなのだとわかっていたからです。アテンションの問題で、馬の無い生活など今の彼には考えられないだろうし、馬以外のことも考えにくいだろうから。これはとても重要なことなんです。自閉脳の人たちは気になっている限局的な強い興味関心には脳が起動するけれど、そうでないものには脳が起動しにくい、という脳心理学の研究結果も出ているのです。だからＡＳＤの人の興味関心の対象は、生活の中から無くしてはなりません。イギリスのパトリシア・ハウリンという著名な研究者は「強い興味関心の対象を持っているＡＳＤ者ほど、それが安定する材料となって成人期に成功する率が高い」と報告しています。雨野さんの場合も、馬を通した仕事は生業として難しかったけれど、馬のいない生活をさせてはいけないと思ったのです。これは、一般的には希望とか癒しとか、そういうポジティブな言葉で表現されるような、生活を向上させてくれるものであるともいえるのではないでしょうか。それと、アニマル・セラピーの要素もあるのではないかと。うまく行かないことが続いたり不快なことがあると、一瞬にして重いうつに入ってしまうＡＳＤの人もいますのでね。

なるほど。

その後、雨野さんはハローワーク等に行って職を探したりしました。でもなかなか見つかりません。

そうでしょうね。

その直前には、かなりていねいな説明を雨野さんにしました。

どういう説明ですか？

仕事というのは、自分は「がんばった」と思っても、会社が「必要な貢献を必要なだけしてくれた」と認めてくれなければ給与につながらないこと。

常識ですよね。

十のうち九がんばってできても、最後の一まで完了しなければ、評価はゼロとされることもあり、給与に反映にしないことが多いこと。

それもしばしばあることですね。

体調の管理ができなければ会社は「この人は当てにできない」と感じるし、当てにならない人にはお金は払えないと会社が思うのは当然であること。

経済の仕組みを知っていれば当たり前のことですよね。体調管理は基礎の基礎。

雨野さんにはセントラル・コーヒレンスや実行機能の問題、メタ認知の問題があるので、自分は仕事をしたと思った時でも客観的には仕事として成立していない可能性があります。だとすると、やはり常にジョブコーチに間に入ってもらって、会社が自分に求めているのは何かをていねいに、時期ごとに、伝えてもらい、また、自分もその支援を受け入れることなどを話しました。その話し合いのあと、今まで教えてもらったことがないことがあった、と、言ってました。

ていうか、それはトモコ先生が教えなきゃいけないことじゃないですよね、本来。社会人としての土台作りは、本当は社会に出る前にですまして来るべきだと思う。失敗したら立ち直りのできにくい人には余計にそれが必要です。学校が（今のところ）そういう場になっていないのが残念だけど。

あとジョブコーチ、絶対必要ですよね。でも起業するときにはジョブコーチだけじゃなくて、メンターも同時に必要だと思います。できれば福祉の人以外のメンターが。福祉の人は、優しすぎるかもしれない。

でも結局、ハローワークで仕事は見つからなかったんです。

残念なことだけれども、今の経済状況を考えれば、不思議なことではありません。

それで結局、ある会社で自宅でできるテープ起こしの仕事があるんですが、それに挑戦してみたいと言ってきたのです。テープ起こしの仕事を渡すときも、会社の要求水準について明確に伝えました。そうすると、すごい勢いで仕事をしてくれているんです。

それはよかった！

それは、「馬を養う」ためなんですよ。

あああ、それはよかったですね！　その後日談がこの本に入れられて、本当に良かったです。私は実は「そういうふうに考えられないものかなあ」と思っていたんです。仕事って、自分の大事な誰か・何かを守るためにあえてする苦労、ですよね。それに気づいてくれたらいいなあと思っていたから。やっぱり馬を手放さなくてもいいよ、というアドバイスは当たってたわけですね、今のところ。馬のためにこそ、がんばれるんだから。

テープ起こしの仕事は、対人交渉力をあまり必要としないのが楽でしょうね。大好きな馬を仕事にしないで、大好きな馬を大切にしていく生活を築き維持するために、仕事をする。いい感じだなと思って現状を見守っているところなのです。

そりゃあ、一生テープ起こしをやっていくわけじゃないだろうし、これからもいろいろあるでしょうけど、少しずつ成功体験を積み重ねていって、社会が怖いところじゃないとわかってくれたらいいなあ。

成功体験と同時に、失敗体験も意味があるんですよね。つらいことがあっても「あのときだって乗り越えられたじゃん」と思える体験があると、未来が怖くなくなる。

社会で生きていくっていうのは、本当はそんなに怖いことじゃないから。

◆トモコ先生から一言アドバイス◆

雨野カエラさん

自分にとって大切なものを守りながら、前向きに生きる姿には頭が下がります。行動を起こす動機付けとして馬がとても大事なのに、それが仕事にならないと判断できるようになったのも立派です。

今後は支援者とつながりながら、体調管理に務めましょう。仕事をしていく上には、体調の波があまりないことが不可欠ですからね。

馬を大切に思う気持ちを支えてくれる人に恵まれていることを、よくかみしめてくださいね。

応援してます！

自己認知支援って?

本当に効果のある自閉っ子支援を考えよう

今回も、お三方から、有意義なお話が聞けましたね。未診断で育った成人の当事者の方々の体験談を通じて、これから本当に有効な支援とはどういうものか、周囲の人々（身内も教育現場も支援者も、そして行政も）に考えていただけるといいと思います。

今回は、就労とその維持という観点から、お三方の人生を垣間見させていただくことで、具体的な実情の一端を知ることができましたね。しかし、まだまだ氷山の一角に過ぎません。今回は、はたらく生活に取り組んでいる方々に焦点を当てましたけれど、ＮＥＥＴや引きこもりの層にいる発達障害の人たちの現状についてはもっと深く突っ込んで調べる必要があるでしょう。ただ、そういったグループについては医療機関と関わっている場合も多いので、今回のお三方のような、大人になるまで支援を受けてこなかった人々がどういう困難に直面しているか、実情を洗い出すためには非常に良いインタビューができたと思っています。

ところで、先生の「自己認知支援」について、もう少し知りたいんですが……。

はい。「自己認知支援」とは私が九七年頃から考案して開始した本人支援のあり方の呼称でして、私が命名しました。本人に障害を告知した後、自分自身の障害特性と個性などをより正確に学び、自己コントロール力をつけるための支援です。社交場面における振る舞い方や人生の価値観などについて、他者の動きを学びながら自分の特性と比較しつつ、自分自身の生き方や振舞い方を選択する支援のことです。

この自己認知支援では、自閉症を持つ自分を好きになることも大きな目的のひとつと定めて推進しています。「自分を好きになる」かどうかは個人的で主体的な感情であって強制できるものではありませんから漠然としていると思われるかもしれませんが、自閉症を持つ自分を総体として肯定的にとらえることができるような支援という意味だと捉えていただいて結構です。

 私は先生の「自己認知支援」は、現場で目撃していてすばらしいと思います。自閉っ子の皆さんは心がゆがんでいなくても認知がゆがんでいることがあるので、ときどきカンチガイをして世の中をうらんだりしていますが、そういうカンチガイをこちらが面倒を起こさないために聞き流していると「肯定された」と受け取ってしまうことがあると思います。これは先生も前著『自閉っ子、自立への道を探る』で指摘していましたね。その認識の上で、先生は「自己認知支援」を進めていらっしゃると。

 その通りです。

 私たち定型発達者は「聞き流す」という能力を持っています。自閉圏の方とお付き合いしていてつくづく思うのですが、「聞き流す」って、本当に大げさでもなんでもなく「能力」なのですよね。でも自閉っ子の皆さんはそれができにくいから、こちらが「聞き流している」とは思

いもよりません。だからこそ、カンチガイがご本人に有益でない場合、カンチガイをその場でただすという先生の「自己認知支援」は効果があるように思うんです。

ニキ・リンコさんも「スルーできない脳」についてよく話をされていますが、自分がスルーできないから人もできないと思ってしまうのはセオリー・オブ・マインドが機能していないからです。しかも日本文化では「聞き流す」とき、うんうんとうなずいたり、うまく出来なかった時でも「上手だね」と本当ではない言葉を使ってその場の雰囲気を壊さないように配慮しますね。それは「その場の雰囲気を良いまま保つ」ための配慮ですよね。ふつう、その場にいる人は雰囲気を保つための配慮だと把握できると同時に、それが事実ではないと直感できる脳を持っているわけです。一方、自閉脳の人はその場の雰囲気や空気がわかるわけではないので、字義通りにとらえてしまいがちです。特に、自分が一生懸命発言したり表現したりした内容については、その場できちんとした反応が相手から返ってくるかそうでないかで自分なりの分析をしてしまいます。自分の発言が正しかったかどうか、相手の反応で白黒思考で判断してしまうほど、一時的に余裕の無い状況なのです。だからその場ではっきりさせないと、自分の意見は正しかったのだ、受け入れられたのだ、と思ってしまっても自閉脳としては無理も無いことなのです。

なるほど。

定型発達の人間として、自閉症の人に「空気を読んで」というような反応を返すのは自閉症支援の原則に反していますし、不親切でエチケットに反するとも思っています。

たしかにそうですね。

このことに気づいたのは、実は、英語圏で暮らした経験からです。英語文化では、日本のように聞き流す場合も、あまりなぁなぁでうなずいて終わるということもないですよね。初めてそのことに気づいた時、実は心底驚いたことを覚えています。英語圏の人たちは「ふーん」「知らなかった」の他に「違うよ」「私はそう思わないね」「賛成できないな」「それ、あまり好きじゃないな」等の返事を結構平気で返しますよね。アメリカに渡ってすぐの頃、毎日私はショックを受けていました。真面目に受け止めて傷ついていました。ところが、彼らは自分の意見を正直に言っただけで、相手の意見は否定しているわけじゃないのですよね。ただ、自分はそう思わないということやそれは違うみたいだよ、と、その場でちゃんと言っておくだけ。それが日本で言う「聞き流す」瞬間だったのです。誤解を残してはいけない、ということで、移民で構成された多文化が交流する歴史の中で培ってきた慣習だったのです。当時、自閉症支援を勉強していた私は、自閉症を文化としてとらえるならば、この点はきちんと実践していかなければならない、支援者として誤解を持たせてはいけない、と、英語のあまり出来ないというハンディを持つ者として英語圏に住んだ経験からも学びましたね。もちろん、その経験が無かったとしても、自閉脳の機能特性を知れば、当然必要な配慮だと思いますが。

そうですね。異文化との交流はやはり、うなずいているだけだとダメなんですよね。ところが、定型発達でしかも支援職ではない人って、かかわりのない人がカンチガイをしていても、あえて葛藤を引き受けてまで正そうとはしません。

それでも浅見さんは、ＡＳＤの人と仕事をするときにはていねいに仕事の仕組みを説明しているでしょう？　私は最初浅見さんが「本は著者のために出すものなんじゃない。読者のために出すんだ」と言ったとき、「ああ、これはぜひＡＳＤの人たちに教えておきたい」と思いましたよ。

私がはっきり物を言うのは、やはり日本人ではない人とビジネスをしてきた経験があるからだと思います。前提条件が違う人と仕事をするときには、一から説明する必要がありますからね。

　だから、うちで本を出す人、出す可能性が出てきた人には社会の仕組みは伝えます。本を出しても「えらい人」になれるわけではないこと、そういうカンチガイはしないこと、著者という立場の限界をきっちり伝えます。そのために、「株式会社」の仕組みから説明したりします。公的機関と民間企業のそれぞれの役割の違いを説明したりすることもあります。でも自分の仕事に関係ない人がどんなカンチガイをしていてもあえて正すことにエネルギーは向けなかったりします。一般の人、支援職ではない人、福祉の外の人ってそうなのではないでしょうか。だから自閉っ子は社会に出て、上司や経営者や、そういう利害を共にする人に初めて世の中に対するカンチガイを指摘されることが多いのではないでしょうか。

　トモコ先生の行っている支援は、それを子どものうちから始めているのですから、親切ですよね。用意がいいですよね。
でも逆に言うとそれって、よく発達障害の療育の際に使われる言葉のように「ありのままを認めてあげること」ではないんですよね？

「ありのまま」でいいのか？

あぁ、私は「あなたは今のままでいいんだよ」という言い方はしませんね。本人に障害告知をするときは、なおさら、その言い方はしないように気をつけています。

自閉っ子にもいろいろなタイプがあるように、支援者の方にもいろいろなタイプがあって当たり前だと思うんですが、先生はどうして「ありのままでいいんだよ」とは言わないのですか？　自尊感情が大切だということは、先生もお考えは同じなのですよね？

もちろん、自尊感情を育むことが大切なのは大前提です。でも「ありのままでいいよ」と告げることが自尊感情に結びつくとは考えていないのです。というか、自尊心を大切にするための方略は他にあり、そちらの方略の方が有効だと思っていますからね。

考えてみれば私自身は、「ありのままでいいよ」なんて言われたことはないんですよね。親にも教師にも。それに生まれてから今日まで「このままでいい」と思った日は一日たりともありません。

それでも自尊感情は保たれていますよね。それは定型発達だからなのでしょうか？　自閉っ子は傷つき体験がすごいから、耳の痛いことはこれ以上言っちゃいけないから、だから「ありのままでいい」ということが言われるのでしょうか。

そう思って「ありのままでよいのだよ」と声をかけている場合はあるでしょうね。しかし、私は「ありのままでよい」というのはむしろ周囲の者の心構えとして重要な柱であると考えています。誰もがありのままでよいというのは、ある意味、自明の真理ですよね。だから通常はそれをわざわざ言わないことが多いし、注意されたり指導を受けたりしても、「ありのままでよい」と受け入れてもらっているという前提での指導助言であるとわかっています。少なくとも大人側はそういうつもりで子どもに指導をしていますが、受ける側の子どもはそれがわからない場合もあるから、「ありのままでよいんだよ」と子どもによっては一度は言ってもらう必要もあるでしょう。

しかし、ＡＳＤの人たちは字義通りに捉える脳だから、一等最初にそのままで良いなんて言ったら、「いいんだ、努力しなくても」と開き直ってしまうかもしれません。実際、そのような事例は枚挙に暇がありません。

十五年程前の話ですが、あるベルギーの会社社長が、経営に行き詰まった時にイライラが爆発してしまい医者に行き、アスペルガー症候群と診断されました。そのとき医者がなんと言ったかは知る由もありませんが、彼は会社と家庭を放り出し、旅行に出かけて、知り合った女性と旅行先で同棲をはじめたのだそうです。家族や会社の人たちに探し出された時、彼が言った言葉は「俺は障害者なんだから、何の責任も負わなくて良いはずだ。だから、放り出したんだよ」だったそうです。その後、医師が糾弾されたことは言うまでもありません。

これはイギリスで勉強していた二〇〇一年に聞いた話で、イギリスの専門家たちもＡＳＤの人への本人告知の際にはこういう勘違いを生じさせない話し方をすべきだと言っていましたね。彼らの脳は最初に出会った言葉の概念による価値観でその後が決定してしまうことが多く、後日の概念訂正はほとんど難しいのですから、最初が肝心なのです。そうした自閉脳の特性を知っているからこそ、最初に「ありのままでいい」なんて断言しちゃいけないんです。本人達だって、あとで余計に難しいことに陥りたくて診断を受けるわけじゃないのですから、本人支援の見地からいっても本人を守る見地からいっても原則です。ですから私の場合、告知のその瞬間には意図的にこの表現を使わないように気をつけています。

私は仕事上でかかわりを持つようになった自閉圏の人たちによく、「定型発達の人も努力が必要なんだよ」、「定型発達の人も、生計を立てていくためには努力をしているんだよ」とあえて言ったりします。自閉圏の人たちと比較すれば私たちにはお手本も多いし、楽をしているかもしれないけど「なんにも努力しなくてもいいんだ、定型の人は」って思われると困るんで。糊口をしのぐ、っていうのは定型の人にとってだって大変な努力を要することなんだよ、って。

はい。私も同じ話をよく彼らにしています。障害があるかないかに関わらず、人は誰しも人生において努力しないといけないことがある。ただ、努力するポイントとかやり方が、他の人とは違う場合があるのだよ、というようなことを。

そうですね。

命に限りがあるのと同様、努力すべきだ、という点においても、人は皆、平等なのだと言うことを話します。

そうですね。人は誰も努力する権利があるんだ。平等に。

で、君たちは努力するポイントややり方がわからないことがある＝それは君たちのせいじゃなく、君たちのＡＳＤがそうさせているんだけど、そのことで、他の人よりは相談する相手を持つ必要性が高いし、助言を聞いたほうがうまく行く、というようなことを言います。

留学していたノースカロライナ大学ＴＥＡＣＣＨ部での本人告知には何回も同席させていただいたのですが、そこでも「そのままで良い」といったことは言われません。適応状況の一般的説明が必ずありました。両者が歩み寄ると適応状況が出来る、ということで、だから周囲の定型の人にも理解を求めていく必要があるけれど、自分自身も今よりうまく成長したりスキルを獲得するためにエネルギーを払って適応状況を一緒につくりあげましょう、その手伝いは専門家が出来ますよ、というような話し方をされていましたね。トニー・アトウッド博士のクリニックにも研修で数週間行かせてもらったのですが、そこでは、自閉症の人の長所短所を具体的に挙げて行き、短所は誰にでもある。でもこの長所のために君は素敵だし、それが自閉症ということなんだよ、短所をうまくカバーしていくために他の人よりちょっぴり苦労するだろうけど、それは専門家に導いてもらうことが出来るから定期的に通ってこようね、と、明るくお話されていました。聞いている自閉症の人も、サバサバと受け止めて、むしろ思考の方向が示されていてわかりやすいようでした。共通していたことは、自閉症とか障害を持っていることが気の毒とか大変だということとはまったく前提とされていなくて、今ここで診断が降りるのだけど、命の尊厳には何の影響も無いことだし、それはただの事実でしかなくて、この自閉症を持っている自分をよりよく肯定し前向きにうまく生きていく方略が見つかるということに他ならないのだよ、ということが、支援者側の姿勢として力強く示されていたことです。支援者側が一般市民としてもそういう価値観を持って人生を送っているという印象が強くクライアントさんに伝わるので、気の毒とか障害は大変だとかいう感じ方のほうが低次元であることがきちんと伝わります。むしろ、絵空事ではない真実を知る歓びを診断する側と受ける側が共有する瞬間の崇高な空気に、同席した私の方が心震える感動だったことが忘れられません。私にとっては、ＴＥＡＣＣＨの指導者たちとアトウッド博士は、支援者としての真のロールモデルであると思っています。

じゃあ、「自閉のままでいいんだよ」「でもありのままじゃいけないんだ」ということでしょうか。

あはは。その通りです。

自己認知支援に大切なもの

私はね、先生の自己認知支援の現場に立ち会っていて、全然「キツイ」とは感じないのですよ。理由は二つあると思います。二つともなかなか書籍という形態で表現しにくいんですが。

一つは、先生が的確な指摘をしたときの自閉っ子の皆さんの目の輝きですね。目をキラキラさせて聞き入っています。

もう一つは先生の声の質ですね。とても優しい声ですよね。

ニキさんも先生の声のことは言ってますね。先生の声だから多少キツイアドバイスでも聞けるのだと。自閉圏の人は聴覚が敏感だし、支援者の声の質って大切なんでしょうね。

でもニキさんと私は方々に掛け合い漫才（＝二人揃っての講演）に呼んでいただきますが、その場でもニキさんは、気を遣って言い控えてもらうより、はっきり教えてもらったほうが助かるんだ、という話をします。そして『自閉っ子、自立への道を探る』に触れ、核心に触れたアドバイスを優しい声でする先生の声真似を皆さんの前で披露します。これがまた、似ているんですよ。ニキさんさすが自閉っ子で耳がいいから。

あははははは！　聞いてみたい！

実は、声のことはよく言われますね。でも、声の質は生まれつきのものかもしれませんが、自閉症の人たちの感覚の特異性やコミュニケーション障害のことを考慮して、話し方や声のトーンをコントロールすることは、養護学校の教師をしていたときから支援者としての自分に課して努力してきました。私は通常は早口ですが、仕事ではなるべく低い声でゆっくり話すのが習慣になりましたし。親御さんたちにも声のコントロールの重要性はお話させていただいています。学校の先生にもお話したことがありますよ。

それとね、『自閉っ子、自立への道を探る』でインタビューした成澤さんにも訊いたんですよ。「先生に言われたことはキツかったですか？」って。そうしたら「あれくらい言ってもらってよかった。自分のような人間には多少なりともはっきり言ってもらわなければ」とおっしゃっていました。成澤さんはその後、仕事を続け、ご自分で「なんとか人並みの仕事はできるようになったかもしれない」と判断できるようになり、職場でのカミングアウトにも成功し、自閉ライダーますます前進！　とがんばっていらっしゃるようです。

先日佐賀で講演をお願いしたときにも、「たとえ自閉症であっても、本人に見える世界は確実に広がっていきます。本人に見える世界の広がりが止まることは決してないのです。現にこの私が、成長するにしたがって見える世界も広がってきました。きっと大丈夫です」と、お話しされて、聴いていた人たちの中には涙を浮かべる人もいたのですよ。

そうですか。きっと先生とかかわったことも「見える世界」を広げたのでしょうね。

そうでしょうか。そうだと嬉しいです。

エネルギーが必要

先ほど浅見さんがおっしゃったように、その場で認知を正すためには、支援者側は自身の心の葛藤を覚悟しなくてはなりません。
「あえて葛藤覚悟」って、心理的に憂鬱になりますし、エネルギーが要ります。

その場で正すのだって、本当に、その意義を考え、大義名分で自分を奮い立たせないと、なかなかやり続けられないことです。人は人だから。

それにこちらは、自閉脳の特性をよく考えて、こちらのセオリー・オブ・マインドを働かせて、どう言えばわかってもらえるか考慮した末の言葉を選んで発しなければなりません。

本当にエネルギーが要りますね。支援職って。
でも、冷静な言い方をしてしまえば、それが先生の仕事。私の仕事は支援ではなく出版なので、出版にかかわりを持つ可能性のある人には根気よく説明します。そしてそれが福祉の外の人間の一般的な振る舞いだと思うんです。

つまりいくら支援者が「ありのままでいい」と言い続けていても社会に出ると、「ありのままではだめ」というアドバイスをいっぱいされちゃうんですよ。そのときにくじけないだけの準備は学齢期に済ませてきてほしいな。一社会人としての、支援職の方たちへのお願いです。

そうなんです。いくら「ありのままでいい」と言ったって、就労の場面ではそれでは通じないのですよね。発達障害の就労支援のシンポジウムや会議などに行くと、必ず問題として上がるのは、助言を受け入れようとしない当事者の特性や、自分の問題点や企業や職場の論理、それから人の感情への配慮の必要性を指導しても受け付けないという特性についてです。助言や注意は本人の存在を否定しているわけではないのですから、そこはありのままでは受け入れてくれる職場はあまり見当たらないでしょう。スキルアップする必要がでてくるわけで、字義通りの「ありのままでよい」というわけにはいかないのです。

今回取材を受けていただいたお三方だって、それぞれ努力していらっしゃるでしょう。

障害告知の現場

ということは先生は、障害は本人に告知したほうがいいというお考えですか？　これも支援者によってさまざま、お考えがあるようですが。

もちろんです。本人が自分の障害を知らないでいては、自己認知支援は不可能です。障害を告げることはその人の存在を否定することではまったく無い。むしろ、その逆です。支援者と障害についての知識を共有するプロセスが、その人の自己肯定感を高めることにつながるのです。成人の場合、検査が終わるとすぐに告知することもあります。ただし障害名を伝えるときに、決して「残念ながら」とか「かわいそうだけど」という伝え方はしません。悲しげな表情、残念な表情をすることもなく、悲痛な声を出すこともなく、事実を事実として冷静に伝えます。「君はＡＳＤだから他の人と必要な努力が違います。自分の特性や今後どういうことが必要なのか、これから一緒に勉強していきましょうね」という言い方をします。アトウッド博士のように明るい表情で伝えます。子どもの場合は、保護者に私と同じような接し方が出来るように勉強をしてもらってから、その保護者に自信ができてから告知する、年齢によっては保護者にも告知のプロセスに参加してもらう、というていねいな手続きを取っています。そうすると、子どもには「親も理解してくれている、あるいは、理解しようとしてくれている」というポジティブな印象ができ、その後の教育効果が高いのです。

なるほど！　バッドニュースとして伝えるんじゃないんですね。ただ事実を事実として淡々と伝えるんですね。そうすると、ご本人も受け入れがしやすくなるでしょうね。

受け入れてくれますよ。前向きに受け入れて、意欲的になる子がほとんどです。もちろん、すでにうつになっていたりとエネルギー状態の下がっている人にはていねいな手続きで時間をかけますけれど。

今はもう大人になっているクライアントさんのケースですが、小学四年生の時に告知を受けました。その後、本人もいろいろと学びました。本人が自分の障害を知ると対人行動について学ぶ速度が速まる傾向があります。その子の場合、自己認知支援の一環で、親には愛情という子どもを思ったりかばったりする気持ちがあるということにいち早く気づきました。そのきっかけは、親に相談して親の言うとおりにしたら余計にいじめがひどくなったことがあったのです。その後、いじめがあって学校に行きたくないと思ったときに親に相談したら、「じゃあ、学校に行くのを止めようか」と優しく言ってくれたのだそうです。しかし、本当にそうしたら前と同様学外でもいじめはひどくなった。その経験から、親は子どもを守ろうとするが、世間には親とは違う価値観で動くことがあるらしいということも分析できるようになって、感情的・衝動的で怒りっぽい子でしたが非常に冷静になり、指導が入りやすくなりました。本人は「指導してもらうのは自閉症だから仕方が無い。でも、理屈のわからないことであれこれ指図されるのは理不尽だ。学校の先生たちは、僕の脳にわかるような説明が足りないんだよ」と言ってましたね。小学六年の時でした。それ以来、彼は、専門の支援者に進んで相談するようになりました。そして、後輩たちにも専門家に相談することを薦めるようになったんですよ。「信用できる専門家の助言は受け入れるほうが得策だ」とアスペらしい表現で得意そうに後輩に説明していましたね。

 私は意外と、自閉っ子当事者は受け入れがいいような気がします。彼らは合理的だから、「あ、そうなのね」ってそこに余計な価値判断を加えないかもしれない。苦言めいたことでも、定型発達の人が相手の場合にはくどくどと「あなたのためを思って言ってるんだけど」とか付け加えないといけませんよね。付け加えても「やっぱり浅見さんは私のことがキライなんじゃ」とか勘ぐられたり。でも自閉っ子はそこを勘ぐらなくて「そうなんですか！　知らなかったです。

ありがとうございます」と言ってくれて、かえって定型の人より仕事がやりやすい面があります。

そうなんです。感情を抜きに淡々と事実を説明すると理解が早いですよね。それも理屈っぽく哲学っぽく説明するととても興味を持って聞いてくれますね。本人に対しては、感情や推測をはさまないで事実をナレーションのように説明することが重要だということは、ソーシャルストーリーズ™という教育技術でも強調されていることです。

だから自閉っ子本人が受け入れても、親御さんはどうでしょうね。親御さんは他人の視線が気になったり、ジジババの視線が気になったりで、むしろ当事者よりも障害の受け入れが難しい場合もあるのではないでしょうか。

親も人間だから、親には親としての感情があるということですね。でも、それは子ども自身の感情や望みとは違うのだと親が気づくには、時間がかかるようです。

それでも親が障害を拒絶して必要な療育の機会があるのにそれを見逃すのは、なんとももったいないというか、子どもの人生にとっては残念なことです。子どもの人権に敏感な先進国では、親という子どもを守らなくてはいけない立場の人でも、親としての思いが嵩じて子どもの人権を侵害してしまうことはあると知られています。それは、日本でも心しておかなくてはいけないことだと思います。だからこそ北欧では、親に子どもの診断を拒絶する権利を与えないというのです。

それは、親による診断拒絶が子どもの人権侵害に当たるからですか。

向こうではそう説明を受けました。子どもの人権侵害を防ぐというより、子どもにとって適切な教育を早期に受け始める権利を守るためだと。

自分を受け入れてほしい

私が教師になりたてのころに受け持った児童の中に、重度の肢体不自由のお子さんがいました。通学はできないので在宅訪問教育という教育形態で教えていたんです。ずっとベッドにいなくてはいけなくて、オムツも一回一回お母さんにフェザータッチのボタンで知らせて取り替えてもらわなくてはいけなくて、でも特殊な知能検査をしたら、ＩＱが一一五あったんです。

まあ。

彼は動けないけど、周りが見えているんですよ。自分を理解し、人の状況や気持ちも理解していたんです。年のさほど変わらないお姉さんが駆け回って遊んでいるのも見ている。でも自分は動けない。自分の障害の特性として、自分が短命だということも知っている。

それでも彼は、そういう自分を受け入れていました。動けないから、私が自宅に派遣されて一緒にお勉強をしたのですが、私はそのお子さんひとりのために毎回授業の準備をして、本の読み聞かせもしたり、彼に描ける材料を用意して絵画作品を一緒に仕上げたりしました。利発な子で、私にも気を使ってくれたりしましたし、本当によく理解したりして楽しくお勉強をしました。でも病状の良くない日もあり、帰り道、私は涙をこらえることが出来ないこともあったのです。
その子は結局、医師の想定を裏切ってずいぶん生きました。命を輝かせて、思ったより長く。

……（涙）。

そういう子でも自分と自分の人生を受け入れていたんです。小学二年生、七歳には厳しい現実でしたが、その子もご家族の様子もそれは美しく清冽な人生でした。私はその子の姿に、教師としても人としてもたくさんのことを学びました。でも、この事実は彼だけじゃない。今は小児成人病も多く、自分の腎疾患等を知って自分で注射をしたりする子どもだって多いです。本人が自分の障害特性を知るということにおいては、発達障害だけ特別ということではないのです。

いまやインフォームドコンセントが主流の時代です。医療も障害児の教育も同じです。また、どんな医療も、患者自身の前向きな協力が無ければ治療目標を達成することは難しい、と言われていますよね。同様に障害を持つ子の教育においては、本人の協力は教育目標達成にはむしろ不可欠といえます。また、一方で、本人が人権の主体者であるということの認識がもっと徹底すべきだと思っています。本人に障害の真実を伝えないというのは、むしろ、本人の主権をないがしろにしているとも言えるのではないでしょうか。一見普通に見えるから告知をするのはかわいそうという意見も聞きますが、周囲の人が発達障害に偏見があることの裏返しかもしれません。むしろ、周囲の人たちがこの子たちに出会ったことで、人の多様さを受け容れるチャンスを与えられていると受け取っていただければ子どもたちも救われる、この子達の生の意味が高まると、しばしば強く思います。自閉症のその人を、受け入れてほしいんです。

そして、自閉症を持つその子が、自閉症を持つ自分を好きになる、自閉症を持ちながら生きていく、そのためのサポーターになって欲しいのです。周囲がそういう状況になれば、本人が自分の障害を知ること・伝えることは、何も恐れるに足りないことだと思っています。だから、先に述べたように、保護者教育や周囲の人への啓発に力を注いでいるのです。これは歩み寄りのうち、周囲の理解の部分ですよね。適応には、当事者が自分を知り成長する部分も必要です。その具体的支援プログラムの中身は一人ひとり違うし専門的知識と技術を要するので、その部分が私たち専門家の役割だと認識しているのです。このようにして、自己認知支援は、対人コミュニケーションの問題を抱える当事者と共に、周囲の者も一緒に人として成長していく、そのことを推進できる支援なのだと実感する毎日です。

自閉症の人たちはその特性から「先生（お母さん）、ありがとう」と言ってくれることは少なく、その面では親も教育支援者も冥利に尽きるような職業的体験は少ないかもしれません。

しかし、一方で、「ヘレン・ケラーの水の奇跡」に匹敵する理解と成長の感動の瞬間に幾度となく立ち会うことがあります。その瞬間、ひとりひとりの可能性の扉がまた一つ開き、その扉の向こうはまるで宇宙空間への広がりを見せているかのようです。存在の奇跡です。人は誰でも、自閉っ子も、生まれてきた意味があるし、必ず成長するのです。

〈著者紹介〉

服巻智子（はらまき ともこ）

教育家。それいゆ相談センター・総合センター長（それいゆ相談センターは、佐賀にある発達障害特化型支援機関ＮＰＯ法人それいゆの相談部門）。

英米両国で自閉症支援を学んだ経験を生かして、乳幼児から老齢期までの発達障害をもつ人たちとその家族の教育・福祉支援にあたっている。また、自閉症専門家の専門性向上と支援者の育成を目指し、発達障害に関する啓発や支援ノウハウを伝えるセミナーを全国各地で行っている。NHKの人気番組『プロフェッショナル』にも登場。

著書に『自閉っ子、自立への道を探る』（花風社）、訳書に『お母さんと先生が書くソーシャルストーリー』（クリエイツかもがわ）等がある。

ＮＰＯ法人それいゆＨＰ
http://www.npo.autism-soreiyu.com

●直接のお問い合わせはメールかファックスでお願いいたします。
ファックス番号　0952-36-8752
メールアドレス　info@autism-soreiyu.com

自閉《じへい》っ子《こ》は必《かなら》ず成長《せいちょう》する

2008年8月8日　第一刷発行

著者　服巻智子
装画　小暮満寿雄
デザイン　土屋 光
発行者　浅見淳子
発行所　株式会社 花風社
〒106-0044　東京都港区東麻布 3-7-1-2F
Tel : 03-6230-2808　Fax : 03-6230-2858
E-mail : mail@kafusha.com　URL : http://www.kafusha.com
印刷・製本　中央精版印刷株式会社

ISBN978-4-907725-73-0

「話せば長いんですけど
私たちの振る舞いには
実は大変浅いワケがあるのです！」

ニキ・リンコ

自閉っ子の行動の「浅いナゾ」に迫る二冊！

読む人が増えれば、理解の輪が広がる本！自閉っ子の二人が定型発達の編集者にちょっとふしぎな世界観や身

一見不可思議に見える自閉っ子の行動にはこんなリッパな理由があった！ニキ・リンコが幼いころの思い出話

体感覚を存分に語る。
笑えて、少し泣けて、
また笑えて大きく納得
できる一冊！

自閉っ子、
こういう風にできてます！
●ニキ・リンコ、藤家寛子［著］
●1600円＋税
●ISBN978-4-907725-63-1

を通して内側から見た
自閉を、ユーモアをま
じえて語る。

俺ルール！
自閉は急に止まれない
●ニキ・リンコ［著］
●1600円＋税
●ISBN978-4-907725-65-5

花風社　発達障害の本

リタリン
を飲むなら、知っておきたいこと

ジョン・マルコビッツ&レスリー・ドゥヴェーン（共に薬学博士）著

田中康雄（精神科医）監修・解説　山田克美 訳

1575円（税込）
ISBN4-907725-58-2

魔法の薬なのか？　麻薬同然なのか？多くの患者の生活の質を高める一方で、濫用や副作用など、マスコミをにぎわせ続ける薬、リタリン。精神疾患の薬学の専門家二人が、「リタリンの危険を徒に煽ることはしたくない。でも飲む以上、子どもに飲ませる以上、きちんとした情報を提供したい」と考えて書いた一冊。

＊本書には製薬会社等からの協賛、出資、協力は一切ありません。

〈目次より〉

花風社　発達障害の本

わかっているのにできない、やめられない

それでもＡＤＨＤと共存する方法

中山玲 著　櫻井公子 解説

「脳の歯車がどこかずれている…」子どものころから変な子で、大人になってからは転職の繰り返し。「何かおかしい」と思いながら行き当たりばったり人生を送ってきた著者は、ＡＤＨＤの診断をきっかけに自分の得意・不得意を自覚、脳の特徴にあった生活・仕事術を編み出した。役に立つチャート・表等多数。

1575円（税込）
ISBN978-4-907725-52-5

〈目次より〉

花風社　発達障害の本

自分で自分をもてあましている君へ

あきらめないよ、ADHDの君の将来

パトリック・キルカーPh.D.パトリシア・クインPh.D.著

ニキ・リンコ 訳

1680円(税込)
ISBN4-907725-44-2

キレる、暴れる、じっとしてられない——。「ADHD」の子どもを持つ父親へ数多くのインタビューを重ね、ADHDの子が持つ可能性を伸ばすため「父親」に何ができるのかを徹底的に検証した画期的な書。子どもの行動にとまどうお父様たちにも、夫に育児に関わってほしいと願うお母様たちにもおすすめ。

〈目次より〉